Coplas a la muerte de su padre

castalia didáctica

Director:
Pedro Álvarez de Miranda

JORGE MANRIQUE

Coplas a la muerte de su padre

*Con cuadros cronológicos,
introducción, bibliografía, notas
y llamadas de atención,
documentos y orientaciones
para el estudio
a cargo de*

Carmen Díaz Castañón

EDITORIAL  CASTALIA

© Editorial Castalia, 1983
Zurbano, 39 - 28010 Madrid - Tel. 319 89 40
Cubierta de Víctor Sanz
Impreso en España. Printed in Spain
Talleres Gráficos Peñalara, S. A.
Fuenlabrada (Madrid)
I.S.B.N.: 84-7039-417-7
Depósito legal: M. 20420-1993

SUMARIO

Año	Acontecimientos históricos	Vida cultural y artística
1440	Cortes de Valladolid.	Brunelleschi: Palazzo Pitti. Nicolás de Cusa, *De docta ignorancia*. Invención del arte de la imprenta en Maguncia (h. 1440).
1441	El Papa Eugenio IV declara que la Iglesia romana católica es la única bienaventurada.	Muere Jan van Eyck.
1442	Establecimiento de la Audiencia de la Corona de Castilla en Valladolid. Alfonso V de Aragón conquista el reino de Nápoles.	Hans de Colonia inicia las obras de las torres de la catedral de Burgos y la Cartuja de Miraflores. Construcción de la catedral gótica de Sevilla.
1443		Creación de la Universidad de mercaderes de Burgos.
1444		Juan de Mena, *Laberinto de Fortuna*. Nace Antonio de Nebrija. Alfonso Martínez de Toledo (Arcipreste de Talavera), *Vidas de San Isidoro y San Ildefonso*. Íñigo López de Mendoza (Marqués de Santillana), *Comedieta de Ponza*.
1445	Don Álvaro de Luna derrota a la nobleza rebelde y al rey de Navarra don Juan en la batalla de Olmedo.	Coplas de *¡Ay Panadera!*, *Cancionero de Baena* (h. 1445). Francisco Imperial, *Dezir de las siete virtudes*. Nace Sandro Botticelli.
1446		Álvaro de Luna, *Libro de las claras e virtuosas mugeres*.
1448		Marqués de Santillana, *Diálogo de Bías contra Fortuna*. Gutierre Díez de Games, *El Victorial, Crónica de don Pero Niño*.

Vida y obra de Jorge Manrique
Nace Jorge Manrique en Paredes de Nava (Palencia).
Derrota de Rodrigo Manrique ante Juan de Guzmán.
Muere doña Mencía de Figueroa, madre de Jorge Manrique.
Don Rodrigo Manrique se proclama maestre de Santiago, oponiéndose así a a la elección como tal de don Álvaro de Luna.
Don Rodrigo Manrique se casa en segundas nupcias con doña Beatriz de Guzmán.

Año	Acontecimientos históricos	Vida cultural y artística
1449	Entrada de Carlos VII de Francia en Rouen, reconquistada. Comienza la gran guerra de ciudades en la Alemania meridional. Motín anticonverso en Toledo.	Marqués de Santillana, *Carta Prohemio al Condestable don Pedro de Portugal*.
h.1450		Fundación de la Biblioteca Vaticana por Nicolás V. Fernán Pérez de Guzmán, *Generaciones y semblanzas*. Nace El Bosco.
1451	Comienza la guerra civil en Navarra. El Príncipe de Viana cae prisionero en la batalla de Albar.	
1452		Marqués de Santillana, *Doctrinal de Privados*. Nace Leonardo da Vinci. Muere Juan Rodríguez del Padrón.
1453	Final de la Guerra de los Cien Años. Victoria de los franceses sobre los ingleses en Castillon. Los ingleses sólo conservan en el continente Calais. Conquista de Constantinopla por los turcos. Los nobles consiguen que el rey Juan II de Castilla ordene la detención de don Álvaro de Luna. El 5 de junio el Condestable será decapitado en Valladolid. El infante Juan, rey de Navarra, es nombrado lugarteniente de Cataluña.	1453-1456. Impresión de la Biblia de 42 líneas por Juan Gutenberg y Juan Fust en Maguncia.
1454	Muere Juan II y comienza el reinado de Enrique IV.	
1455		Muere Fra Giovanni Angelico da Fiesole. Muere Alfonso de Madrigal, el Tostado.

Vida y obra de Jorge Manrique
Don Rodrigo Manrique, tras un pacto con Juan II, renuncia al maestrazgo de Santiago en favor de don Álvaro de Luna.
Campaña contra el Reino de Granada en la que participa don Rodrigo Manrique. Volverá a participar en 1456, 1457, 1464 y 1468.

Año	Acontecimientos históricos	Vida cultural y artística
1456	En Navarra, el Príncipe de Viana huye del reino para buscar ayuda política en las Cortes de París, Roma y Nápoles.	Muere Juan de Mena. Marsilio Ficino traduce al latín las obras de Platón. François de Montcorbier (François Villon), *Lais*. Paolo Uccello, *Batalla de San Romano*.
1457	Enrique IV de Castilla se compromete a no apoyar al príncipe Carlos de Viana si Juan de Navarra se mantiene neutral.	Muere el humanista Lorenzo Valla. Fundación de la Universidad de Friburgo.
1458	Muere Alfonso V de Nápoles. Nápoles corresponde a su hijo natural Fernando I.	Muere el Marqués de Santillana. Nace Sannazaro.
1459 1460	Congreso de Mantua. Acuerdo de una guerra general contra los turcos.	Muere Ausiàs March (1459). Fundación de la Universidad de Basilea.
1459 -1485	Guerra de las casas Lancaster y York (rosa roja y rosa blanca) en Inglaterra.	
1460	Cortes de Lérida. Concordia de Barcelona. Prisión del Príncipe de Viana.	
1461	En Inglaterra, Eduardo IV, hijo de Ricardo de York, asegura su dominación. Muere Carlos VII. Coronación en Reims del nuevo soberano de Francia, Luis XI. Muere Carlos de Viana; Leonor y Gastón de Foix, herederos de Navarra. Juan II de Aragón acepta las condiciones de la Generalitat, poniendo fin a la sublevación en Cataluña. Concordia de Villafranca del Penedés.	François Villon comienza la composición del *Testamento*.

Vida y obra de Jorge Manrique
Muere don Diego Manrique, hermano mayor de don Rodrigo.
Íñigo Manrique, tío de don Jorge, ocupa la sede episcopal de Coria.

Año	Acontecimientos históricos	Vida cultural y artística
1462	Los catalanes ofrecen el Principado a Enrique IV de Castilla. En Aragón, acuerdos con Luis XI de Francia a la que se cede Rosellón y Cerdaña. Comienza la Guerra Civil.	
1463	Se anuncia una nueva Cruzada contra los turcos bajo la dirección personal de Pío II. Navarra pierde definitivamente la Rioja alavesa.	Nace Pico della Mirandola.
1464		*Coplas de Mingo Revulgo*. Muere Nicolás de Cusa. Muere Van der Weyden.
1465	Los nobles proclaman en Ávila a don Alfonso, hermanastro de Enrique IV, como rey de Castilla.	Nace Gil Vicente. Nace Erasmo. Piero della Francesca, *Retrato de la duquesa de Urbino*.
1466		Muere Donatello. Aparece la primera Biblia alemana impresa.
1467	Batalla de Olmedo. Enrique IV se impone de momento a los nobles partidarios de don Alfonso.	
1468	Muere el Infante Don Alfonso. Tratado de los Toros de Guisando. Enrique IV es reconocido único rey de Castilla. A cambio, debe aceptar como sucesora a Isabel, hermana de don Alfonso. Esto supone desheredar a doña Juana, hija de Enrique IV y doña Juana de Portugal.	Nace Juan del Enzina. Nace Joanot Martorell. Nace Juan de Padilla.
1469	Boda de Isabel de Castilla y Fernando de Aragón, hijo de Juan II. Lorenzo de Médicis, *el Magnífico*, señor de Florencia.	Nace Nicolás Maquiavelo.

Vida y obra de Jorge Manrique
Posiblemente, primera aparición de Jorge Manrique como caballero.
Primera cita de Jorge Manrique en un documento.
Don Rodrigo Manrique se casa con doña Elvira de Castañeda y Meneses.

Año	Acontecimientos históricos	Vida cultural y artística
1470		Muere Alfonso Martínez de Toledo, Arcipreste de Talavera. Aparece la primera Biblia alemana ilustrada.
1471		Nace Alberto Durero. Muere Tomás Hamerken de Kempen *(Kempis).*
1472	Fin de la guerra civil en Aragón. Capitulación de Pedralbes.	
1473		Imprenta en Barcelona y Zaragoza (?).
1474	En la paz de Utrecht que termina la guerra comercial entre la Hansa e Inglaterra, confirma Eduardo IV los privilegios de la Hansa. Muere Enrique IV de Castilla. Muere don Juan de Pacheco. Guerra de Sucesión. Ruptura entre el Arzobispo de Toledo e Isabel y Fernando.	*Coplas del Provincial.* Nace Lucas Fernández. Imprenta en Valencia. Mantegna: frescos del Palacio Ducal de Mantua. Nace Ludovico Ariosto.
1475	Guerra con Portugal. Ordenamiento del sistema monetario. Creación del «excelente de oro».	Nace Miguel Ángel. Muere Paolo Uccello.
1476	Tratado entre Isabel y Fernando y Diego López Pacheco, marqués de Villena. Cortes de Madrigal. Batalla de Toro.	Botticelli, *Adoración de los Magos.*
1477	Tras la dispensa matrimonial concedida por Sixto IV a Juana *La Beltraneja* y Alfonso V de Portugal, Isabel y Fernando prohíben la publicación de los decretos pontificios en Castilla.	Universidad de Upsala. Imprenta en Sevilla. Fundación de las universidades de Tubinga y Maguncia.

Vida y obra de Jorge Manrique
Jorge Manrique se casa con doña Guiomar de Castañeda y Meneses, hermana de la tercera esposa de su padre. Batalla de Ajofrín (Toledo), primer hecho de armas de Jorge Manrique, según sus biógrafos.
A la muerte de Juan de Pacheco, don Rodrigo Manrique es elegido en Uclés (Cuenca), Maestre de Santiago.
Gómez Manrique es nombrado Corregidor de Toledo.
Don Rodrigo Manrique muere en Ocaña el 11 de noviembre, de una úlcera en el rostro. Don Íñigo Manrique es nombrado obispo de Jaén y Baeza.
Jorge Manrique es hecho prisionero en el asedio a la ciudad de Baeza por Diego Fernández de Córdoba, su defensor. Muere don Rodrigo, hermano del poeta.

Año	Acontecimientos históricos	Vida cultural y artística
1478	Alfonso, hijo ilegítimo de Fernando de Aragón, es nombrado arzobispo de Zaragoza, a los nueve años de edad. El papa Sixto IV, tras mejorar las relaciones con Roma, autoriza a Isabel y Fernando a nombrar Inquisidores.	Nace Gonzalo Fernández de Oviedo.
1479	Muere Juan II de Aragón. Tratado de Alcaçovas y comienzo del reinado de los Reyes Católicos, uniéndose las coronas de Castilla y Aragón. Muere Leonor de Navarra. Le sucede su nieto Francisco de Foix, Febo. Paz con Portugal.	

Vida y obra de Jorge Manrique
Se concede a Jorge Manrique la encomienda de Montizón, después de haber sido elegido Trece de Santiago.
Muere Jorge Manrique en Santa María del Campo, después de haber sido herido por Pedro de Baeza a las puertas del castillo de Garci Muñoz. Es el día 24 de abril.

Introducción

La segunda mitad del siglo XV, marco de la vida de Jorge Manrique (1440-1479), señala el punto álgido de la crisis que supone el proceso político vivido por Castilla a finales de la Edad Media. El reinado de Juan II de Castilla, muerto en 1454, está determinado por una serie de conflictos que giran alrededor de la relación entre el rey y su valido don Álvaro de Luna, relación determinada por las diferencias de éste con la nobleza castellana empeñada en defender su conservación y sus derechos, ya que don Álvaro, al margen de sus intereses particulares, es en realidad partidario decidido de la autoridad real. El poeta acaba de nacer cuando las Cortes de Olmedo (1445), inmediatamente después de la batalla del mismo nombre, declaran la superioridad del monarca incluso por encima de la ley y significan la cumbre del predicamento de don Álvaro, lo que no impide que pocos años después, 1453, el Condestable sea ejecutado en Valladolid. La fecha de la muerte de Jorge Manrique, 1479, señala la fusión de las coronas de Castilla y Aragón y la normalización de las relaciones entre el rey y la nobleza. Se firma el tratado de Alcaçovas, muere Juan II de Aragón y se consuma el triunfo de los partidarios isabelinos, para algunos los nobles «más ortodoxos y tradicionales», sobre los partidarios de doña Juana dirigidos por Alfonso V de Portugal; el tratado beneficia a la nobleza, ya que nunca fue el carácter intrínseco de la Monarquía lo que aquélla ponía en entredicho, sino la naturaleza del vínculo entre el poder central y los nobles y la fijación de los derechos que a cada parte pudieran corresponder. Entre estas dos fechas discurrirá la vida de Jorge Manrique, una vida inmersa en luchas continuas; la vida de un hombre arrastrado por las conveniencias familiares e influido por las alternativas políticas y la variabilidad de las posiciones tomadas según el beneficio que de ellas pudiera obtenerse. Una vida, en suma, producto de la situación de Castilla en el siglo xv.

Un segundón de los Lara dio con su nombre origen a la estirpe de los Manrique en la que se fue perdiendo el apellido originario. En 1406 nace Rodrigo Manrique, padre de Jorge, que se casa tres veces: con doña Mencía de Figueroa, con doña Beatriz de Guzmán y con doña Elvira de Castañeda. Jorge Manrique «fue el cuarto de los hijos que aquel gran héroe [el maestre don Rodrigo Manrique] procreó en doña Mencía de Figueroa, su primera mujer...» leemos en la *Historia genealógica de la casa de Lara*, publicada por Luis de Salazar y Castro a finales del siglo xvii. Probablemente vio la luz en 1440 en Paredes de Nava, feudo paterno del que don Rodrigo fue hecho conde titular en premio a sus méritos, y muy pocos son los datos concretos que sabemos de su vida personal. Muy niño aún, antes de 1445, muere su madre, emparentada con la casa de los Mendoza; se casa con doña Guiomar de Castañeda, hermana de su madrastra, tercera mujer de su padre, y es nombrado «caballero santiaguista trece» y comendador de Montizón. Su primera intervención registrada en un hecho de armas corresponde a la batalla de Ajofrín (Toledo), en 1470, donde lucha a favor de don Álvaro de Estúñiga y contra don Juan de Valenzuela por la provisión del priorato de San Juan; como en 1470 Jorge Manrique debía de tener treinta años, no parece probable que este fuera su bautismo guerrero. Como su familia, es enemigo de don Álvaro de Luna, apoya la coronación del infante don Alfonso (1468) en vida de su hermano Enrique IV, y lucha por la candidatura de Isabel contra la de Juana *la Beltraneja*, defendida por don Juan de Pacheco, maestre de Santiago, y don Alonso Carrillo, arzobispo de Toledo. En 1474 muere don Juan de Pacheco y en 1476, en Ocaña, don Rodrigo Manrique, comido de una úlcera que le desfigura la cara. El marqués de Villena, hijo y heredero del maestre de Santiago, continúa la guerra y, según nos cuenta Hernando del Pulgar en su *Crónica de los Reyes Católicos, don Fernando y doña Isabel,*

> ... en el Marquesado donde estaban por capitanes contra el marqués, don Jorge Manrique e Pero Ruiz de Alarcón, peleaban los más días con el marqués de Villena e con su gente; e había entre ellos algunos recuentros, en uno de los cuales, el capitán don Jorge Manrique se metió con tanta osadía entre los enemigos que, por no ser visto de los suyos para que fuera socorrido, le firieron de muchos golpes, e murió peleando cerca de las puertas del castillo de Garci Muñoz, donde acaeció aquella pelea, en la cual murieron algunos escuderos e peones de la una e de la otra parte.

Era el 24 de abril de 1479. En la *Relación de los Pueblos de España*, ordenada por Felipe II, leemos una descripción minuciosa de los hechos:

> ... el dicho don Jorge Manrique salió a correr la tierra de esta villa de partes de tarde y llevando recogidos muchos ganados e bestiaje e presos, vino hasta esta villa cerca de ella a un tiro de arcabuz, donde agora llaman camino de la Nava, aldea de esta villa, hacia la parte del mediodía; y allí entre ciertas viñas e matas, habiéndole hecho una emboscada los de esta villa e tierra, trabaron una escaramuza que duró hasta la noche, e allí fue herido don Jorge Manrique, el general, de una lanzada que le dieron por los riñones al tiempo que yéndose a abaxar por un ribazo abaxo se inclinó, e por las junturas que hacen las corazas entre el arzón trasero de la silla quedó descubierta aquella parte, e por allí fue mal herido, de la cual herida desde a pocos días murió en la villa de Santa María del Campo.

Los vecinos del castillo de Garci Muñoz concretan:

> Quién lo hubiese herido no se sabe, mas de lo que unos dicen fueron de la gente del marqués, y otros dicen que de los suyos, que como era ya noche no se pudo entender

y en Santa María del Campo se señala esta o aquella casa como la
que ocupó en su agonía Jorge Manrique, siguiendo una antigua
tradición que decía:

> en esta villa hay una casa al presente donde es cosa cierta, pública y
> notoria que murió don Jorge Manrique.

La poesía cortesana en el siglo xv

Al comenzar el siglo xv, la poesía dispone en España de un
triple instrumento lingüístico. Aún había castellanos que poetiza-
ban en gallego y al mismo tiempo empezaba el intercambio entre
el catalán y el castellano. La poesía amatoria se vale del gallego y
el castellano, con predominio inicial del gallego que va perdiendo
terreno; en cambio, los panegíricos, epitafios, peticiones, obras de
burlas o de maldecir, sátiras políticas, poesía moral y poesía religiosa prefieren el castellano. Ya desde el último tercio del siglo xiv
se va perfilando cada vez más claramente la distinción entre la
poesía cortesana destinada al canto *(cantigas)* y la compuesta para
la recitación o la lectura *(dezires)*; cantigas y dezires se distinguen
también por su forma poética. A medida que avanza el siglo xv la
palabra *cantiga* envejece, al tiempo que se extiende el término
canción. Esta lírica artificiosa prefiere el verso octosílabo, muy
frecuentemente combinado con pies quebrados, y el verso de arte
mayor, doce sílabas partidas por una fuerte cesura con dos ictus
intensos (es decir, acentos de intensidad obligatorios) en cada
hemistiquio, verso que pasa a considerarse como muy apto para la
poesía solemne.

Son pocos los manuscritos dedicados a un solo poeta, pero son
muy numerosas las antologías, los llamados *Cancioneros*, entre los
que destacan: el *Cancionero de Baena* dedicado a Juan II por su
compilador Juan Alfonso de Baena; el *Cancionero de Stúñiga*, que
recoge principalmente la poesía compuesta en la corte napolitana
de Alfonso V de Aragón, y el *Cancionero general* de Hernando del
Castillo, de aparición más tardía, 1511, entrado ya el siglo xvi.

La recopilación del *Cancionero de Baena* comenzó en 1445 o

inmediatamente antes y representa, en conjunto, la producción poética de hacia 1370 en adelante. Entre sus poetas se encuentran Pero Ferruz, el más antiguo; Macías, tenido como prototipo del amante desdichado; Alfonso Álvarez de Villasandino, de innato dominio de la técnica, capaz de adaptarse a cualquier tendencia poética nueva; Francisco Imperial, artificioso, libresco, intelectual, introductor de la alegoría dantesca; Ferrán Sánchez Calavera, apasionado por temas que atañen al destino humano, como la predestinación; Fernán Pérez de Guzmán, autor de alguno de los mejores poemas del *Cancionero*, llenos de frescura y espontaneidad; sin olvidar, entre los más jóvenes, al Condestable Álvaro de Luna y Juan Rodríguez del Padrón.

Continuidad y cambio se conjugan en el gusto poético del siglo xv, como demuestran sus más eximios representantes: Íñigo López de Mendoza, Marqués de Santillana (1398-1458) y Juan de Mena (1411-1456). El panorama sería incompleto si olvidáramos la *Danza general de la Muerte*, compuesta en castellano a finales del siglo xiv o ya en el siglo xv (cuya versión ampliada fue impresa en Sevilla en 1520), o la poesía satírica, tan importante en una vida política y social como la de Castilla en los primeros tres cuartos de la centuria, representada por los grandes poemas anónimos: las *Coplas de ¡Ay, panadera!*, relato de la batalla de Olmedo puesto en boca de una mujer que seguía al ejército; las *Coplas de Mingo Revulgo* y las *Coplas del Provincial*, acerbas críticas de la Castilla de Enrique IV, la primera por medio de la alegoría de un rebaño de ovejas, la segunda utilizando como símil un corrompido monasterio.

La obra poética de Jorge Manrique

Integran la obra poética de Jorge Manrique unos 2.300 versos en la edición más completa hasta la fecha. Por su temática, sus composiciones han sido clasificadas en tres grupos: poesía amorosa, poesía burlesca y poesía moral. Se consideran como poesía amorosa 44 composiciones que constituyen aproximadamente el setenta y cinco por ciento del total de sus versos; son catalogadas como burlescas tres obras que se distribuyen 169 versos; y forman el apartado de poesía moral las *Coplas* que compone el poeta a la muerte de su padre y veinticuatro versos que, según la tradición, fueron encontrados bajo la armadura del poeta en el momento de su muerte.

Lírica amorosa

La poesía amorosa de Jorge Manrique no aporta originalidad y se inserta en la corriente del amor cortés, tal como había sido concebido por los provenzales. Para el poeta cortesano, el amor es el eje de la existencia: alabar a la dama y servirla es el constante ejercicio al que se consagra el enamorado, con más o menos esperanza de obtener recompensa en un servicio amoroso que a veces tiene muy poco de sentimiento profundo; frecuentemente la señora pertenece a un estado más alto y la pretensión del amante se convierte en auténtica osadía. El amor no correspondido proporciona el sufrimiento que eleva por encima de todas las cosas. El enamorado profesa una verdadera religión de amor, cree firmemente en el Dios de Amor y es consciente de que la plenitud amorosa sólo llega con la muerte, donde se halla el supremo bien. Todo esto se vierte en un lenguaje lleno de fórmulas, un *trovar clus* donde se muestra la agudeza del amador/poeta que sólo cuando es genial conseguirá individualizar su experiencia personal por encima del universal esquema prefabricado que deberá aceptar y respetar.

Jorge Manrique acepta la existencia del «muy alto Dios de amor / por quien mi vida se guía» con quien entabla un largo diálogo; recrimina su actuar:

> Que aunque seas poderoso,
> has lo de ser en lo justo;
> pero no voluntarioso,
> criminoso y achacoso[1]
> haciendo lo qu'es injusto,

---

[1] *achacoso:* excesivo en su acusación.

le impone condiciones:

> si me das lo que te pido,
> de rodillas y aun rendido
> te serviré, y aun de ojos,

y reconoce su conflicto con el Dios verdadero:

> En ti solo tuve fee
> después que te conoscí,
> pues ¿cómo paresceré
> ante'l Dios a quien erré
> quexando del que serví?
> Que me dirá con razón
> que me valga cuyo so[2]
> y que pida'l galardón
> a quien tuve ell afición,
> que'él nunca me conoció.

Profesa en la «orden del amor» con una serie de promesas y expone a su señora la larga letanía de las cualidades y méritos que ennoblecen al enamorado, fruto de su *servicio*, en estrofas que se apoyan en la repetición anafórica de *Acordaos*. La vida guerrera presta alegorías como el «Castillo de amor», situado

> sobre una peña tajada,
> maçiça toda d'amores,
> muy bien puesta;

cerca de «un río mucho crescido / qu'es membrar[3]»; «el muro tiene d'amor», «la puerta d'un tal desseo» y las ventanas, «muy bellas», no permiten mirar a su través

> sin ver a vos en visión
> delante mí

---

[2] *cuyo so:* aquel quien soy.

[3] *membrar:* recordar.

Tampoco falta la «Escala de amor» que asalta el muro «do mi libertad estaba»; ni la «llaga mortal»

> desigual
> qu'está en el siniestro lado,

en la cual

> conoscerás luego cual
> es el leal
> servidor y enamorado,

llaga causada, precisamente, por la señora que resulta vencedora «cuando yo quedé perdido / y vos querida».

En estrofas paralelísticas se organiza la descripción del amor que utiliza antítesis casi paradójicas, un amor que a «modo de locura»

> es plazer en qu'hay dolores,
> dolor en qu'hay alegría,
> un pesar en qu'hay dulçores,
> un esfuerzo en qu'hay temores,
> temor en qu'hay osadía,

pero también un amor que permite relación juguetona, como en el sonriente poema «porque estando él durmiendo le besó su amiga»:

> Perdono la muerte mía;
> mas con tales condiciones,
> que de tales traiciones
> cometáis mil cada día,
>   pero todas contra mí,
> porque, d'aquesta manera,
> no me plaze que otro muera
> pues que yo lo merescí.

No falta la continua exaltación del sufrimiento, un sufrimiento producto de la peculiar relación amorosa que, al ser unión inalcan-

zable, conduce a una continua confrontación vida-muerte expresada por una larga serie de contrarios:

> no me dexa ni me mata,
> ni me libra ni me sueña,
> ni m'olvida,
> mas de tal guisa me trata
> que la muerte anda revuelta
> con mi vida.

La rebuscada antítesis culmina en la conceptista paradoja insa-
tisfactoria del no saber, ese «no sé qué» de tan brillante tradición
poética:

> Ni vivir quiere que viva,
> ni morir quiere que muera,
> ni yo mismo sé qué quiera...

La autocontemplación dolorida aspira, complacida, a la muerte
como final de los males:

> No tardes, Muerte, que muero;
> ven, porque viva contigo,
> quiéreme, pues que te quiero,
> que con tu venida espero
> no tener guerra conmigo.

Aspiración que conduce a la negación absoluta que, envuelta en
complicada estructura, va anudándose alrededor de la glosa «sin
Dios y sin vos y mí»:

> Yo soy quien libre me vi,
> yo, quien pudiera olvidaros;
> yo soy el que por amaros
> estoy, desque os conoscí,
> *sin Dios y sin vos y mí.*
> Sin Dios, porqu'en vos adoro,
> sin vos, pues no me queréis,

> pues sin mí ya está de coro[4]
> que vos sois quien me tenéis.
>   Assí que triste nascí,
> pues que pudiera olvidaros,
> yo soy el que por amaros
> estoy desque os conocí
> *sin Dios y sin vos y mí*

Lírica burlesca

La poesía burlesca de Jorge Manrique que conocemos se reduce a tres composiciones. «A una prima suya que le estorbaba unos amores» se apoya en el equívoco que proporciona el uso ambivalente de «prima», cuerda para tañer y pariente; si ésta estropea sus amores, aquella «daña y desconcierta» el buen templar y tañer. Las coplas a una mujer «beoda que tenía empeñado un brial[5] en la taberna» ofrece una serie de letanías que van sustituyendo el nombre de los santos por el de ciertos lugares productores de vino. La más larga de las tres composiciones, ese «convite» extrañamente dedicado a su madrastra, doña Leonor de Castañeda, que además era su cuñada, relata el desarrollo de un nauseabundo banquete:

> que la triste hora es llegada
> de la muy solemne fiesta,

con descripciones que algunos han considerado prequevedescas, como la de la dueña con las «pestañas y las cejas / bien cosidas con dos hilos»,

> y en ell un pie dos chapines
> y en ell otro una chinela;
> en las manos escarpines,
> y tañendo una vihuela;

---

[4] *de coro:* lo sabido de memoria.
[5] *brial:* especie de túnica.

>   un tocino, por tocado;
> por sartales, un raposo;
> un braço descoyuntado
> y el otro todo velloso.

Lírica moral

Se incluyen en este grupo las cuarenta coplas dobles dedicadas a la muerte de su padre, 480 versos, y los veinticuatro versos, ya aludidos, del poema que dicen fue encontrado bajo la armadura del poeta en el momento de su muerte, anécdota y atribución igualmente problemáticas:

>   ¡Oh mundo! Pues que nos matas,
> fuera la vida que distes
> toda vida;
> mas según acá nos tratas,
> lo mejor y menos triste
> es la partida...

Las *Coplas*, compuestas en el último tercio del siglo XV, responden con claridad al concepto de que «en España no hay ni clara ni tajante separación entre Edad Media y Renacimiento» (J. B. Avalle-Arce); ofrecen rasgos comunes a obras de uno y otro momento: por una parte, son profundamente medievales en su forma y en alguno de sus aspectos más superficiales; por otra, revelan una modernidad en puntos fundamentales, ya con preocupaciones, comunes a sus contemporáneos europeos, sobre la función del hombre como individuo y su integración en el cosmos. Como se preguntará poéticamente Luis Cernuda: «¿Son brote final de una época que desaparece? ¿Son punto de partida para una época que comienza? Ambas posibilidades parecerían válidas. En realidad las épocas literarias, por independientes que se las estime, no lo son tanto que queden encerradas dentro de sus propios confines.»

Confluyen en las *Coplas* una serie de temas que se han venido elaborando a través de los tiempos: la meditación sobre la fugacidad de las cosas y la estimación del plazo de la vida que la Edad

Media resuelve en una actitud *De contemptu mundi* enlazado con el *memento mori;* todo ello inseparable del bíblico «vanidad de vanidades, todo es vanidad» del *Eclesiastés*, que se expresa a través de la fórmula del «ubi sunt qui ante nos in hoc mundo fuere?». El hombre es testigo de un interminable pasar de todas las cosas, con un agente infatigable, la Fortuna, cuya rueda no se para nunca, auténtica diosa y señora absoluta en la cultura romana, proveedora de transitorios bienes cuyo valor el cristianismo pretende aminorar o negar. El tema de la Fortuna enamora al Marqués de Santillana, que lo trata exquisitamente en la *Comedieta de Ponza*, donde la Fortuna no es señora absoluta, sino mandadora de Dios; es agente del odio que el Marqués siente por don Álvaro de Luna:

> De tu resplandor, ¡oh, Luna!,
> te ha privado la Fortuna

y preside sus meditaciones estoicas en el *Diálogo de Bías contra Fortuna*, estoicismo que también hallamos en la *Consolación a la condesa de Castro* de Gómez Manrique. Protagonista del *Laberinto* de Juan de Mena, la Fortuna aparece allí con atributos (tres ruedas, la del pasado, la del presente y la del futuro) que entrelazan su peculiar simbolismo con el representado por el tema del Tiempo.

A todo esto se une el papel de la muerte como personaje protagonista con toda una gama de variantes, desde el menosprecio del mundo y sus bienes de San Bernardo hasta el atractivo tema de la patética *Danza macabra* o *Danza de la muerte*, en que ésta, dotada de un inmenso poder igualitario, convoca a su siniestra fiesta a todos los humanos, borrando, sarcásticamente, la terrena injusticia social. Dice Américo Castro que «el tema de la muerte pasó a primer plano en el siglo xv precisamente por haber adquirido interés y brillo renovado el tema de la vida, junto con la conciencia de hallarse el hombre viviéndola con más soltura en su pensamiento y en su sensibilidad. A medida que la vida se hacía más densa de atractivos, adquiría más relieve el fenómeno de su efímera duración». Como al mismo tiempo no se concebía aún el prescindir de Dios, se produjo «una tensión —continúa— entre el apego a tanta cosa adorable y estimable [...] y la angustia de tanto mal afortunado morir».

Aparte de todos estos tópicos, el poema de Jorge Manrique, originado en la muerte de una persona, forma parte de la poesía elegíaca motivada por la muerte, se incluye en el marco de la elegía funeral, en la cual se advierten dos direcciones principales: una en que predomina la reflexión sobre la vida y la muerte; otra, generalmente con más complicación formal, en que el poeta considera al muerto como un ejemplar compendio de excelencias.

La poesía elegíaca motivada por la muerte arranca en castellano del *planto* por Trotaconventos que Juan Ruiz incluye en su *Libro de Buen Amor*, mezclando humor y burla con la más honda expresión de esperanza trascendental. En la elegía, «preciosa elegía», de Trotaconventos —nos dice el profesor Lapesa— «percibimos cómo para el Arcipreste no rige la correspondencia —tradicional en el mundo cristiano— entre el espíritu y el bien, la carne y el mal. Aunque a veces el Arcipreste se esfuerce en reflejarla, el sistema de valores que realmente actúa en su poema es muy diferente: en él los términos que corresponden a 'bien' y 'mal' no son 'espíritu' y 'carne', sino 'vida' y 'muerte'. Estaríamos entonces ante un anticipo de la rehabilitación de los sentidos que culminó en el paganismo renacentista, aunque tuviese antecedentes en la poesía goliardesca». El *planto* se abre con un grito de desgarro:

> ¡Ay, muerte!, ¡muerta seas, muerta e mal andante!

al que sigue una larga manifestación del poder igualitario de la muerte:

> a todos los egualas e los llevas por un prez,[6]
> por papas e por reyes non das una vil nuez

Con un tremendo naturalismo, el Arcipreste señala los estragos de la muerte:

> Dexas el cuerpo yermo[7] a gusanos en fuesa

---

[6] *por un prez:* como si todos tuvieran igual valor.
[7] *yermo:* despoblado de alma.

que influyen en el entorno del muerto «que por bien que lo amen
al omne en la vida» queda solo, abandonado:

> en punto que tú vienes con tu mala venida,
> todos fuyen dél luego, como de res podrida.

Siguen luego unas espléndidas estrofas compuestas sobre el principio de la antítesis, de la contradicción:

> Tiras[8] toda vergüença, desfeas fermosura,
> desadonas[9] la gracia, denuestas la mesura,
> enflaqueces la fuerça, enloquesces cordura,
> lo dulce fazes fiel con tu much amargura.
>   Desprecias loçanía, el oro escureces,
> desfazes la fechura, alegría entristezes,
> manzillas la limpieza, cortesía envileces,
> muerte, matas la vida, al mundo aborresces

para después pasar revista a cuantos la muerte se ha llevado. Así,
de lo más universal, Cristo mismo, llegamos al individuo, al objeto
del planto: el recuerdo de Trotaconventos, a quien todavía pregunta:

> ¿A dó te me han levado? Non sé cosa certera;
> nunca torna con nuevas quien anda esta carrera

y para quien solicita a Dios «la su gloria» y a «todos los que
l'oyerdes» una oración «por la vieja de amor».

En el *Cancionero de Baena* hay varias poesías motivadas directamente por la muerte de una persona determinada. La de Alfonso
Álvarez de Villasandino, dedicada a la muerte del rey don Enrique, es la más simple: consiste en una serie de reflexiones generales
sobre la muerte, igual que el *Dezir* de Gonzalo Martínez de
Medina a la muerte de «Diego López e Juan Velasco» en que los
bienes temporales se escapan de sus poseedores porque «todo pasó
así como viento». En Juan Alfonso de Baena hallamos el *planto* en

---

[8] *tiras:* quitas.
[9] *desadonas:* quitas el donaire, la gracia.

su acepción más estricta: como proyección literaria del uso anti-
quísimo del plañido, de la queja obligatoria a la muerte de una
persona, encargada no a las plañideras de oficio, sino al poeta.
Otro poeta, Fray Migir, capellán del obispo de Segovia, introduce
una variante: el rey muerto habla desde su ataúd, meditando, en
retahíla inacabable, sobre cuantos grandes y poderosos señores
murieron antes que él, insistiendo en la fuerza igualitaria de la
muerte.

Pero la considerada como mejor poesía elegíaca del *Cancionero de
Baena* es el *dezir* que Ferrán Sánchez de Calavera dedica al «famoso e honroso caballero Ruy Díaz de Mendoza», lleno casi total-
mente de reflexiones generales. No sólo se recuerda a ilustres
personajes, sino que

> Padres e fijos, hermanos, parientes,
> amigos, amigas, que mucho amamos,
> con quien comimos, bebimos, folgamos

invaden la escena, acercándose a nuestra actual idea de una muerte arrasadora del cotidiano vivir, idea que palpita en la reflexión
sobre el paradero de las grandezas, los poderes y los placeres del
mundo, reflexión que llega hasta el recuerdo de las realidades
concretas:

> ¿A dó los convites, cenas e yantares...?

No falta la elegía personal en el Marqués de Santillana: la
Defunción de don Enrique de Villena o el *Planto por la reina Margarida*
incorporan a su expresión la complicada alegoría italianizante, en
una progresiva intelectualización cultista, la misma alegoría que
organiza el poema de Gómez Manrique inspirado precisamente
por la muerte del Marqués de Santillana. Gómez Manrique es
también autor de una *Defunción por el caballero Garci Lasso de la Vega*,
donde hay erudición y pedantería pero también sensibilidad poética, sobre todo en la escena en que la madre del muerto a quien un

mensajero ha comunicado la noticia, ante el apasionado y desgarrador dolor de sus hermanas, estoicamente dice:

> Yo que debía ser consolada
> conviene que sea la consoladora.

Jorge Manrique, hombre culto de la época, hará suyos todos
estos temas y nos dará, hecha lengua, su peculiar reacción ante el
desprecio del mundo, la fortuna y la muerte.

Bibliografía

Castro, Américo: «Muerte y belleza. Un recuerdo a Jorge Manrique», en *Hacia Cervantes*, Madrid, Taurus, 1957, pp. 51-57.

——, «Cristianismo, Islam, Poesía en Jorge Manrique», en *Sobre el nombre y el quién de los españoles*, Madrid, Taurus, 1973, pp. 285-299. Se trata de dos artículos muy interesantes para conocer la visión de España y los españoles que tiene Américo Castro, la cual proyecta sobre Jorge Manrique y su obra.

Deyermond, Alan: *Historia de la literatura española* (dirigida por R. O. Jones), I, *La Edad Media*, Barcelona, Ariel, 1973, capítulo 8.

Lapesa, Rafael: *Historia de la lengua española*, Madrid, Gredos, 1980 («Biblioteca Románica Hispánica», Manuales, 45). Octava edición refundida y muy aumentada. Es imprescindible para tener una idea clara sobre la lengua española, en este caso la lengua del siglo XV.

Lida, María Rosa: *La idea de la fama en la Edad Media castellana*, México, Fondo de Cultura Económica, 1952. Visión de las ideas que indudablemente pesaban sobre nuestro autor al escribir sus *Coplas*.

Navarro Tomás, Tomás: «Métrica de las *Coplas* de Jorge Manrique», en *Los poetas en sus versos: desde Jorge Manrique a García Lorca*, Barcelona, Ariel, 1973 («Letras e ideas»), pp. 67-86.

Salinas, Pedro: *Jorge Manrique o tradición y originalidad*, Buenos Aires, Editorial Sudamericana, 1962, 3.ª edición (la 1.ª es de 1947. Hay una edición en Barcelona, Seix Barral, 1974). Sigue pareciéndonos el acercamiento a Jorge Manrique más lúcido, ameno e inteligente.

Serrano de Haro, Antonio: *Personalidad y destino de Jorge Manrique*, Madrid, Gredos, 1966 («Biblioteca Románica Hispánica», Estudios y Ensayos, 93). El autor pretende conseguir con este libro que mutuamente se iluminen la vida y la obra manriqueñas, para lo cual nos ofrece una evocación del mundo sócial que rodea al poeta, en el que introduce las consideraciones sobre su obra.

Suñén, Luis: *Jorge Manrique*, Madrid, EDAF, 1980 («Escritores de todos los tiempos»). Se trata de una edición de la obra de Jorge Manrique, precedida de un estudio lleno de sugerencias.

GEORGIUS MANRIQUE
TOLETANUS

Retrato de Jorge Manrique. Biblioteca Provincial de Toledo.

Paredes de Nava (Palencia), pueblo natal de Manrique.

Castillo de Garci Muñoz (Cuenca), en cuyo asalto murió Manrique en 1479.

Sepulcros del Doncel y de D. Gómez Carrillo de Albornoz, ambos en la catedral de Sigüenza. (Véase documento II, 4).

Glosa religiosa y muy christiana, sobre
las coplas de don Jorge Manrique, que comiença. Recuerde
el alma dormida. Ahora nueuamente por su autor
corregida y emendada.

Portadas
de dos ediciones
antiguas de las *Coplas* con glosas.

GLOSA SOBRE LA OBRA
Q V E HIZO DON GEOR-
ge manrrique a la muerte del Maestre de Santiago
don Rodrigo manrrique su padre dirigida
a la muy alta y muy esclarescida y
christianissima Princesa doña
Leonor Reyna de
Francia.

Con otro romance y su glosa.

Impreso en Leon

El Condestable D. Álvaro de Luna. (Retablo de la Capilla de Santiago en la catedral de Toledo.)

Sepulcro del rey D. Juan II de Castilla, obra de Gil de Siloé. (Cartuja de Miraflores, Burgos.)

Nota previa

Utilizamos el texto aceptado habitualmente por los editores modernos de Jorge Manrique: el publicado por Augusto Cortina en la edición de Clásicos Castellanos, que corresponde al *Cancionero* de Ramón de Llabia (Zaragoza, g. 1490), con alguna variante. Por ejemplo, en la copla XI preferimos *revuelve* a *revuelven* por considerar que su sujeto es Fortuna (así aparece en otras ediciones). En la copla XXXV aceptamos *os* por *vos*, que resulta inaceptable para conseguir un verso octosílabo. A pesar de la bibliografía existente en torno a Jorge Manrique falta aún una edición verdaderamente crítica que recoja todas las variantes textuales y las analice profundamente. Cada vez se insiste más en que el orden de estrofas normalmente aceptado resulta dudoso a la luz de un nuevo texto descubierto, de suerte que la estructura del poema puede estar necesitada de una revisión radical.

La copla que comienza «Si fuesse en nuestro poder...» se sitúa como copla VII siguiendo la edición de las *Coplas* hecha por Foulché-Delbosc en 1907, que se atiene a la sucesión de la *Glosa* de Diego de Barahona (1512). Cortina sigue la ordenación del *Cancionero* de Ramón de Llabia y la ubica entre las que comienzan «Los plazeres e dulçores...» (XIII) y «Esos reyes poderosos...» (XIV) donde (como ha notado tan claramente María Rosa Lida) «no presenta la menor conexión ni con la que le precede ni con nada de la que le sigue». Como copla VII es «como instancia concreta de las dos anteriores y conduce naturalmente a la copla que sigue».

Hemos modernizado parcialmente la ortografía: suprimimos generalmente las consonantes dobles; actualizamos el uso de las grafías *v-u*, *i-y* y *c-q*; aunque mantenemos algunas grafías que tenían valor fonológico como las sibilantes, hemos actualizado otras como las labiales.

COPLAS A LA MUERTE
DE SU PADRE

[I]

Recuerde[1] el alma dormida,
avive el seso[2] e despierte
contemplando
cómo se passa la vida,
cómo se viene la muerte   5
tan callando,
cuán presto se va el plazer,
cómo, después de acordado,[3]
da dolor;
cómo, a nuestro parescer,   10
cualquiere tiempo passado
fue mejor.

[II]

Pues si vemos lo presente
cómo en un punto s'es ido
e acabado,   15
si juzgamos sabiamente,

---

[1] *Recuerde :* vuelva en sí, despierte.   [2] *seso :* sentido.   [3] *acordado :* recordado.

daremos lo non venido
por passado.

Non se engañe nadi,[4] no,
pensando que ha de durar   20
lo que espera
más que duró lo que vio,
pues que todo ha de passar
por tal manera.[1]

[III]

Nuestras vidas son los ríos   25
que van a dar en la mar,
qu'es el morir;[2]
allí van los señoríos
derechos a se acabar
e consumir;   30
    allí los ríos caudales,[5]
allí los otros medianos
e más chicos;
allegados son iguales
los que viven por sus manos   35
e los ricos.[3]

---

[4] *nadi:* nadie.   [5] *caudales:* caudalosos.

(1) Obsérvese el tono, mezcla de exhortación y enunciación, de la primera copla, toda ella en tercera persona; compárese con la primera persona *(vemos, juzgamos, daremos)* del comienzo de la copla II, que da paso a la apelación exhortativa de la segunda parte de dicha copla, enlace, de nuevo, con el plural participativo *nuestras vidas* (al comienzo de la copla III).

(2) Adviértase que dice *el morir*, no *la muerte.* Este uso de los infinitivos sustantivados será muy frecuente en las *Coplas*, y deberá prestársele atención.

(3) Alternar en esta copla primero la alusión directa *(señoríos)* y la expresión metafórica *(ríos caudales...)* y después la expresión perifrástica, analítica *(los que viven por sus manos)* y la sintética *(los ricos).*

[INVOCACIÓN]

[IV]

Dexo las invocaciones
de los famosos poetas
y oradores;
non curo[6] de sus ficciones,   40
que traen yerbas secretas[7]
sus sabores;
　Aquél sólo[8] m'encomiendo,
Aquél sólo invoco yo
de verdad,   45
que en este mundo viviendo,
el mundo non conoció
su deidad.

[V]

Este mundo es el camino
para el otro, qu'es morada   50
sin pesar;
mas cumple tener buen tino
para andar esta jornada
sin errar;
　partimos cuando nascemos,   55
andamos mientras vivimos,
y llegamos
al tiempo que feneçemos;[9]
assí que cuando morimos,
descansamos.   60

---

[6] *non curo:* no cuido, no me preocupo.　[7] *yerbas secretas:* venenos.　[8] En otras ediciones: «A aquél sólo...». El poeta se refiere a Cristo.　[9] *feneçemos:* morimos, fallecemos.

[VI]

Este mundo bueno fue
si bien usásemos dél
como debemos,(4)
porque, según nuestra fe,
es para ganar aquél   65
que atendemos. 10
 Aun aquel fijo de Dios,
para sobirnos al cielo,
descendió
a nascer acá entre nos,   70
y a vivir en este suelo,
do murió.

[VII]

 Si fuesse en nuestro poder
hazer la cara hermosa 11
corporal,   75
como podemos hazer
el alma tan glorïosa,
angelical,
 ¡qué diligencia tan viva
toviéramos toda hora,   80
e tan presta,
en componer la cativa,
dexándonos la señora 12
descompuesta!

---

10 *atendemos :* esperamos. 11 Para medir este y otros versos, téngase en cuenta que todavía se aspiraba la h- procedente de f- latina. 12 *cativa-señora :* oposición entre esclava-dueña, reflejo de la oposición entre cara corporal y alma angelical.

(4) Nótese el uso de los tiempos verbales en estos versos.

[VIII]

Ved de cuán poco valor   85
son las cosas tras que andamos
y corremos,
que, en este mundo traidor,
aun primero que muramos
las perdemos.   90
Dellas deshaze la edad,
dellas casos desastrados[13]
que acaeçen,
dellas, por su calidad,
en los más altos estados   95
desfallescen.[14]

[IX]

Dezidme: la hermosura,
la gentil frescura y tez[15]
de la cara,
la color[16] e la blancura,   100
cuando viene la vejez,
¿cuál se para?[17]
Las mañas[18] e ligereza
e la fuerça corporal
de juventud,   105
todo se torna graveza[19]
cuando llega el arrabal
de senectud.[20]

---

[13] *casos desastrados:* desdichados, desgraciados, infelices, sin fortuna.   [14] *desfallescen:* decaen.   [15] *tez:* color, lisura u plenitud del rostro.   [16] *la color:* se usaba antes como femenino.   [17] *¿cuál se para?:* ¿cómo queda?, ¿en qué se convierte?   [18] *mañas:* habilidad, artificio y destreza para hacer alguna cosa.   [19] *graveza:* gravedad, pesadez, en oposición a *ligereza.*   [20] *senectud:* ancianidad, vejez.

[X]

Pues la sangre de los godos,[21]
y el linaje e la nobleza   110
tan crescida,
¡por cuántas vías e modos
se pierde su gran alteza
en esta vida!
Unos, por poco valer,   115
por cuán baxos e abatidos
que los tienen;
otros que, por non tener,
con oficios non debidos
se mantienen   120

[XI]

Los estados[22] e riqueza,
que nos dexen a deshora
¿quién lo duda?,
non les pidamos firmeza
pues que son d'una señora   125
que se muda:
que bienes son de Fortuna
que revuelve[23] con su rueda
presurosa,
la cual non puede ser una   130
ni estar estable ni queda
en una cosa.

---

[21] *godos:* considerados como el origen de la más limpia y antigua nobleza.   [22] *estados:* considerados como estamentos, modos de estar situados en la sociedad.   [23] *revuelve:* cambia, muda.

[XII]

Pero digo qu'acompañen[24]
e lleguen fasta la fuessa[25]
con su dueño;   135
por esso non nos engañen,
pues se va la vida apriessa[26]
como sueño;
  e los deleites d'acá
son, en que nos deleitamos,   140
temporales,
e los tormentos d'allá,
que por ellos esperamos,
eternales.(5)

[XIII]

Los plazeres e dulçores   145
desta vida trabajada,
que tenemos,
non son sino corredores,[27]
e la muerte, la çelada[28]
en que caemos.   150
  Non mirando a nuestro daño,
corremos a rienda suelta
sin parar;
desque[29] vemos el engaño
e queremos dar la vuelta   155
no hay lugar.

---

[24] *Pero digo qu'acompañen:* el comienzo de esta estrofa tiene carácter concesivo (=aun concediendo que acompañen). [25] *fuessa:* huesa, sepultura. [26] *apriessa:* apriesa. [27] *corredores:* soldados exploradores, centinelas avanzados. [28] *çelada:* emboscada, asechanza, encubrimiento de gente armada, en lugar, paraje o sitio oculto para asaltar al contrario descuidado o desprevenido. [29] *desque:* desde que.

(5) Nótese el violento hipérbaton de los vv. 139-141 y, en toda la sextilla, la cuidada estructura paralelística.

[XIV]

Esos reyes poderosos
que vemos por escrituras
ya pasadas,
con casos tristes, llorosos,　　　　　　　　160
fueron sus buenas venturas
trastornadas;
　　assí que no hay cosa fuerte,
que a papas y emperadores
e perlados,[30]　　　　　　　　　　165
assí los trata la Muerte
como a los pobres pastores
de ganados.

[XV]

Dexemos a los troyanos,
que sus males non los vimos,　　　　　170
ni sus glorias,
dexemos a los romanos,
aunque oímos e leímos
sus hestorias;
　　non curemos[31] de saber　　　　　175
lo d'aquel siglo passado
qué fue d'ello;
vengamos a lo d'ayer,
que tan bien es olvidado
como aquello.　　　　　　　　180

---

[30] *perlados:* prelados.　　[31] *non curemos:* no nos ocupemos.

[XVI]

¿Qué se hizo el rey don Joan?[32]
Los Infantes d'Aragón[33]
¿qué se hizieron?
¿Qué fue de tanto galán,
qué de tanta invinción[34]   185
que truxeron?[35]
    ¿Fueron sino devaneos?
¿qué fueron sino verduras
de las eras,
las justas e los torneos,   190
paramentos,[36] bordaduras[37]
e çimeras?[38]

[XVII]

    ¿Qué se hizieron las damas,
sus tocados e vestidos,
sus olores?   195
¿Qué se hizieron las llamas
de los fuegos encendidos
d'amadores?
    ¿Qué se hizo aquel trovar,
las músicas acordadas[39]   200
que tañían?

---

[32] Se refiere a Juan II de Castilla (1406-1454).   [33] Don Enrique y don Juan, hijos
de Fernando de Antequera, rey de Aragón.   [34] *invinción:* en las diversiones cortesanas
o caballerescas, era sinónimo de lo que en el siglo XVI se llamaba *empresa:* «cierto
símbolo o figura enigmática, con un mote breve y conciso, enderezado a manifestar lo
que el ánimo quiere o pretende».   [35] *truxeron:* trajeron. En el v. 257 *truxieron.*   [36] *paramentos:* adornos con que se cubrían los corceles en los torneos.   [37] *bordaduras:*
bordados.   [38] *çimeras:* penachos o adornos de plumas que remataban la parte superior de los yelmos.   [39] *acordadas:* concertadas con armonía.

¿Qué se hizo aquel dançar,
aquellas ropas chapadas[40]
que traían?[(6)]

[XVIII]

Pues el otro, su heredero,   205
don Anrique,[41] ¡qué poderes
alcançaba!
¡Cuán blando, cuán halaguero,[42]
el mundo con sus plazeres
se le daba!   210
    Mas verás cuán enemigo,
cuán contrario, cuán cruel
se le mostró;
habiéndole seido[43] amigo,
¡cuán poco duró con él   215
lo que le dio!

[XIX]

Las dádivas desmedidas,
los edeficios reales
llenos d'oro,

---

[40] *chapadas:* recubiertas de adornos, láminas o chapas.   [41] Se refiere a Enrique IV,
hijo y sucesor de Juan II, cuyo reinado dura de 1454 a 1474.   [42] *halaguero:* halaga-
dor.   [43] *seido:* sido.

(6) *aquel trovar, aquel dançar:* el uso de estos infinitivos sustantivados
resulta muy sugestivo; por una parte son abstractos y ponen de relieve la
actividad pura, no su resultado; por otra parte son concretos porque
sugieren la presencia de una persona que realiza la acción expresada por el
verbo; *que traían, que tañían:* imperfectos muy expresivos al tener encomen-
dado transmitir la idea de posesión.

las vaxillas⁴⁴ tan febridas,⁴⁵   220
los enriques⁴⁶ e reales
del tesoro,
    los jaezes,⁴⁷ los caballos
de sus gentes e atavíos
tan sobrados,**(7)**   225
¿dónde iremos a buscallos?⁴⁸
¿qué fueron sino rocíos
de los prados?

[XX]

    Pues su hermano el inocente,⁴⁹
qu'en su vida sucessor   230
le fizieron,
¡qué corte tan excelente
tuvo e cuánto gran señor
le siguieron!⁵⁰
    Mas, como fuesse mortal,   235
metióle la Muerte luego
en su fragua.
¡Oh, juïzio divinal,
cuando más ardía el fuego,
echaste agua!**(8)**   240

---

⁴⁴ *vaxillas:* los vasos, tazas, platos, jarros, etc., que se destinan al servicio y ministerio de la mesa, que por ostentación y grandeza se hacen de oro o plata.   ⁴⁵ *febridas:* bruñidas, resplandecientes, trabajadas con primor.   ⁴⁶ *enriques:* monedas de oro acuñadas por Enrique IV.   ⁴⁷ *jaezes:* adornos que se ponen a las caballerías.   ⁴⁸ *buscallos:* buscarlos.   ⁴⁹ Se trata del infante don Alfonso, hermanastro de Enrique IV, que todavía niño, en 1465, fue coronado rey en Ávila por un grupo de nobles, entre los que figuraban los Manrique. Tres años más tarde, moriría don Alfonso, a los catorce años de edad.   ⁵⁰ *siguieron:* en plural, correspondiendo a un sujeto colectivo («cuánto gran señor»).

(7) Alternan en esta copla los sustantivos con artículo y sin él.

(8) La alusión mitológica *(fragua)* justifica el juego del contraste en los versos 239-240. Por lo que se refiere al v. 238, nótese que, como en otros momentos, la Providencia es el único agente decisorio de la muerte.

[XXI]

Pues aquel gran Condestable,[51]
maestre que conoscimos
tan privado,
non cumple que dél se hable,
mas sólo cómo lo vimos   245
degollado.
    Sus infinitos tesoros,
sus villas e sus lugares,
su mandar,
¿qué le fueron sino lloros?   250
¿que fueron sino pesares
al dexar?

[XXII]

E los otros dos hermanos,[52]
maestres tan prosperados
como reyes,   255
qu'a los grandes e medianos
truxieron tan sojuzgados
a sus leyes;
    aquella prosperidad
qu'en tan alto fue subida   260
y ensalzada,
¿qué fue sino claridad
que cuando más encendida
fue amatada?[53]

---

[51] Se trata de don Álvaro de Luna, decapitado en Valladolid en 1453.   [52] Se refiere al marqués de Villena, don Juan de Pacheco, maestre de Santiago, y a su hermano don Pedro Girón, maestre de Calatrava. Fueron enemigos de los Manrique.   [53] *amatada:* matada, apagada.

[XXIII]

Tantos duques excelentes,   265
tantos marqueses e condes
e varones
como vimos tan potentes,
di, Muerte, ¿dó los escondes
e traspones?[54]   270
    E las sus claras hazañas
que hizieron en las guerras
y en las pazes,
cuando tú, cruda, t'ensañas,
con tu fuerça las atierras[55]   275
e desfazes.

[XXIV]

Las huestes[56] inumerables,
los pendones, estandartes
e banderas,
los castillos impugnables,   280
los muros e baluartes
e barreras,(9)
    la cava honda, chapada,[57]
o cualquier otro reparo,[58]
¿qué aprovecha?   285
Cuando tú vienes airada,
todo lo passas de claro[59]
con tu flecha.

---

[54] *traspones:* escondes, ocultas.   [55] *atierras:* derribas, echas al suelo. (Sentido literal formado sobre la palabra *tierra.)*   [56] *huestes:* ejército.   [57] *cava honda, chapada:* foso o trinchera que se hacía para la defensa; para hacerla más resistente se la recubría con chapas de metal.   [58] *reparo:* cualquier cosa que se pone por defensa o resguardo.   [59] *todo lo passas de claro:* todo lo traspasas de un lado a otro.

(9) Alternan en estas enumeraciones el asíndeton y el polisíndeton.

[XXV]

Aquél de buenos abrigo,
amado por virtuoso   290
de la gente,
el maestre don Rodrigo
Manrique, tanto famoso
e tan valiente;
   sus hechos grandes e claros   295
non cumple que los alabe,
pues los vieron,
ni los quiero hazer caros,[60]
pues qu'el mundo todo sabe
cuáles fueron.   300

[XXVI]

Amigo de sus amigos,
¡qué señor para criados
e parientes!
¡Qué enemigo d'enemigos!
¡Qué maestro d'esforçados   305
e valientes!
   ¡Qué seso[61] para discretos!
¡Qué gracia para donosos!
¡Qué razón!
¡Qué benigno a los sujetos![62]   310
¡A los bravos e dañosos,
qué león!**(10)**

---

[60] *caros :* que exceden del valor, tasación o estimación regular.   [61] *seso :* discreción.
[62] *sujetos :* sometidos a dominio, señorío u obediencia.

(10) Adviértase la diferente organización de los versos de toda esta copla, a pesar de la profunda unidad que la repetición anafórica ofrece. Nótese el uso de los nexos *para* y *a*.

[XXVII]

En ventura Octavïano;
Julio César en vencer
e batallar;   315
en la virtud, Africano;
Aníbal en el saber
e trabajar;
en la bondad, un Trajano;
Tito en liberalidad   320
con alegría;
en su braço, Aurelïano;
Marco Atilio en la verdad
que prometía.

[XXVIII]

Antonio Pío en clemencia;   325
Marco Aurelio en igualdad
del semblante;
Adrïano en la elocuencia;
Teodosio en humanidad
e buen talante.   330
Aurelio Alexandre fue
en deciplina[63] e rigor
de la guerra;
un Constantino en la fe,
Camilo en el gran amor   335
de su tierra.[11]

---

[63] *deciplina::* disciplina.

(11) Las coplas XXVII y XXVIII recogen una serie de nombres de
personajes de la antigüedad (sobre todo emperadores romanos) que se
consideran como paradigmas de determinadas virtudes; se trata de un
tópico repetido en la literatura medieval, muy aficionada a series y listas.

[XXIX]

Non dexó grandes tesoros,
ni alcançó muchas riquezas
ni vaxillas;
mas fizo guerra a los moros,   340
ganando sus fortalezas
e sus villas;
  y en las lides que venció,
cuántos moros e caballos
se perdieron;   345
y en este oficio ganó
las rentas e los vasallos
que le dieron.

[XXX]

Pues por su honra y estado,
en otros tiempos pasados   350
¿cómo s'hubo?[64]
Quedando desmanparado,[65]
con hermanos e criados
se sostuvo.
  Después que fechos famosos   355
fizo en esta misma guerra
que hazía,
fizo tratos tan honrosos
que le dieron aun más tierra
que tenía.   360

---

[64] *¿cómo s'hubo?:* cómo se comportó. [65] *desmanparado:* desamparado.

[XXXI]

Estas sus viejas hestorias
que con su braço pintó
en joventud,
con otras nuevas victorias
agora las renovó   365
en senectud.
   Por su gran habilidad,
por méritos e anciranía
bien gastada,
alcançó la dignidad   370
de la gran Caballería
dell Espada.[66]

[XXXII]

E sus villas e sus tierras
ocupadas de tiranos
las halló;   375
mas por çercos e por guerras
e por fuerça de sus manos
las cobró.
   Pues nuestro Rey natural,
si de las obras que obró   380
fue servido,
dígalo el de Portogal
y en Castilla quien siguió
su partido.

---

[66] *Caballería dell Espada:* se refiere a la Orden de Santiago.

[XXXIII]

Después de puesta la vida   385
tantas vezes por su ley
al tablero;[67]
después de tan bien servida
la corona de su rey
verdadero;   390
    después de tanta hazaña
a que non puede bastar
cuenta cierta,
en la su villa d'Ocaña
vino la Muerte a llamar   395
a su puerta,

[XXXIV]

    diziendo: «Buen caballero,
dexad el mundo engañoso
e su halago;
vuestro corazón d'azero   400
muestre su esfuerço famoso
en este trago;
    e pues de vida e salud
fezistes tan poca cuenta
por la fama,   405
esfuércese la virtud
para sofrir esta afruenta[68]
que vos llama.»

---

[67] *Después de puesta la vida* [...] *al tablero:* después de exponer la vida, arriesgarla, jugársela en la guerra como en el juego del ajedrez. [68] *afruenta:* enfrentamiento, trance o encuentro, en este caso con la muerte.

[XXXV]

«Non se os haga tan amarga
la batalla temerosa   410
qu'esperáis,
pues otra vida más larga
de la fama glorïosa
acá dexáis,
    (aunqu'esta vida d'honor   415
tampoco no es eternal
ni verdadera);
mas, con todo, es muy mejor
que la otra temporal,
peresçedera.»   420

[XXXVI]

«El vivir qu'es perdurable
non se gana con estados
mundanales,
ni con vida delectable[69]
donde moran los pecados   425
infernales;
    mas los buenos religiosos
gánanlo con oraciones
e con lloros;
los caballeros famosos,   430
con trabajos e aflicciones
contra moros.»

---

[69] *delectable:* deleitable.

[XXXVII]

«E pues vos, claro varón,
tanta sangre derramastes
de paganos,   435
esperad el galardón
que en este mundo ganastes
por las manos;
  e con esta confiança
e con la fe tan entera   440
que tenéis,
partid con buena esperança,
qu'estotra[70] vida tercera
ganaréis.»

[Responde el Maestre]

[XXXVIII]

«Non tengamos tiempo ya   445
en esta vida mesquina
por tal modo,
que mi voluntad está
conforme con la divina
para todo;   450
  e consiento en mi morir
con voluntad plazentera,
clara e pura,
que querer hombre vivir,
cuando Dios quiere que muera,   455
es locura.»

---

[70] *estotra :* esa otra.

[Del Maestre a Jesús]

[XXXIX]

«Tú, que, por nuestra maldad,
tomaste forma servil
e baxo nombre;
tú, que a tu divinidad   460
juntaste cosa tan vil
como es el hombre;
    tú, que tan grandes tormentos
sofriste sin resistencia
en tu persona,   465
non por mis merescimientos,
mas[71] por tu sola clemencia
me perdona».[72] (12)

[Final]

[XL]

Assí, con tal entender,
todos sentidos humanos   470
conservados,
cercado de su mujer,
y de sus hijos e hermanos
e criados,
    dio el alma a quien ge la[73] dio   475
(el cual la dio en el cielo
en su gloria),
que, aunque la vida perdió,
dexónos harto consuelo
su memoria.   480

---

[71] *mas:* sino. [72] *me perdona:* perdóname. [73] *ge la:* se la; *g* grafía del fonema prepalatal fricativo sonoro.

(12) Compárese la estructura de esta copla con la de la copla XXXIII.

Documentos y juicios críticos

I. En torno al autor

1. *Hernando del Pulgar (h. 1436-h. 1493) nos ha dejado en sus* Claros varones de Castilla *el siguiente retrato del Maestre don Rodrigo Manrique, padre del poeta, cuya muerte motivó la composición de las* Coplas:

EL MAESTRE DON RODRIGO MANRIQUE,
CONDE DE PAREDES

Don Rodrigo Manrique, conde de Paredes e maestre de Santiago, fijo segundo de Pedro Manrique, adelantado mayor del reino de León, fue omme de mediana estatura, bien proporcionado en la compostura de sus miembros; los cabellos tenía roxos e la nariz un poco larga. Era de linaje noble castellano.

En los actos que fazía en su menor edad paresció ser inclinado al oficio de la caballería. Tomó hábito e orden de Santiago, e fue comendador de Segura, que es cercana a la tierra de los moros: e estando por frontero en aquella su encomienda, fizo muchas entradas en la tierra de los moros, donde hubo fama de tan buen caballero, que el adelantado su padre, por la estimación grande en que este su fijo era tenido, apartó de su mayorasgo la villa de Paredes, e le fizo donación della, e el rey don Juan le dio título de conde de aquella villa.

Este varón gozó de dos singulares virtudes: de la prudencia, conosciendo los tiempos, los logares, las personas, e las otras cosas que en la guerra conviene que sepa el buen capitán. Fue asimismo dotado de la virtud de la fortaleza; no por aquellas vías en que se muestran fuertes los que fingida e no verdaderamente lo son: mas así por su buena composición natural, como por los muchos actos que fizo en el exercicio de las armas, asentó tan perfectamente en su ánimo el hábito de la fortaleza, que se deleitaba cuando le ocurría logar en que la debiese exercitar. Esperaba con buen esfuerço los peligros, acometía las fazañas con grande osadía, e ningún trabajo de guerra a él ni a los suyos era nuevo. Preciábase mucho que sus criados fuesen dispuestos para las armas. Su plática con ellos era la manera del defender e del ofender el enemigo, e ni se dezía ni fazía en su casa acto ninguno de molleza, enemiga del oficio de las armas. Quería que todos los de su compañía fuesen escogidos para aquel exercicio, e no convenía a ninguno durar en su casa si en él fuese conoscido punto de cobardía; e si alguno venía a ella que no fuese dispuesto para el uso de las armas, el grand exercicio que había y veía en los otros, le fazía hábile e diestro en ellas. En las batallas, e muchos recuentros que hobo con moros e con cristianos, este caballero fue el que mostrando grand esfuerço a los suyos, fería primero en los contrarios: e las gentes de su compañía, visto el esfuerço de su capitán, todos le seguían e cobraban osadía de pelear. Tenía tan grand conocimiento de las cosas del campo, e proveíalas en tal manera, que donde fue él principal capitán nunca puso su gente en logar do se hobiese de retraer, porque volver las espaldas al enemigo era tan ageno de su ánimo, que elegía antes recebir la muerte peleando, que salvar la vida huyendo.

Este caballero osó acometer grandes fazañas: especialmente, escaló una noche la cibdad de Huéscar, que es del reino de Granada; e como quier que subiendo el escala los suyos fueron sentidos de los moros, e fueron algunos derribados del adarve, e feridos en la subida; pero el esfuerço deste capitán se imprimió a la hora tanto en los suyos, que pospuesta la vida e propuesta la gloria, subieron el muro peleando, e no fallescieron de sus fuerças defendiéndolo, aunque veían los unos derramar su sangre, los otros caer de la cerca. E en esta manera matando de los moros, e muriendo de los suyos, este capitán, ferido en el braço de una saeta peleando, entró en la cibdad e retroxo los moros fasta que los cercó en la fortaleza: e esperando el socorro que le farían los cristianos, no temió el socorro que venía a los moros. En aquella hora los suyos, vencidos de miedo, vista la multitud que sobre ellos venía por todas partes a socorrer los moros, e tardar el socorro que esperaban de los cristianos, le amonestaron que desamparase la cibdad, e no encomendase a la fortuna de una hora la vida suya e de aquellas gentes, juntamente con la honra ganada en su edad pasada; e requeríanle que, pues tenía tiempo para se proveer, no esperase hora en que tomase el consejo necesario, e no el que agora tenía voluntad. Visto por este caballero el temor que los suyos mostraban. «No —dixo él—, suele vencer la muchedumbre de los moros al esfuerço de los cristianos cuando son buenos, aunque no sean tantos: la buena fortuna del caballero crece cresciendo su esfuerço: e si a estos moros que vienen cumple socorrer a su infortunio, a nosotros conviene permanecer en nuestra vitoria fasta la acabar o morir, porque si el miedo de los moros nos fiziese desamparar la cibdad, ganada ya con tanta sangre, justa culpa nos pornían los cristianos por no haber esperado su socorro; e es mejor que sean ellos culpados por no venir, que nosotros por no esperar.» «De una cosa —dixo él—, sed ciertos: que entre tanto que Dios me diere vida, nunca el moro me porná miedo, porque tengo tal confiança, en Dios e en vuestras fuerças, que no fallecerán peleando, veyendo vuestro capitán pelear.» Éste caballero duró, e fizo durar a los suyos combatiendo a los moros que tenía cercados, e resistiendo a los moros que le tenían cercado por espacio de dos días, fasta que vino al socorro que esperaba, e hobo el fruto que suelen haber aquellos que permanescen en la virtud de la fortaleza.

Ganada aquella cibdad, e dexado en ella por capitán a un su hermano llamado Gómes Manrique, ganó otras fortalezas en la comarca; socorrió muchas vezes algunas cibdades e villas e capitanes cristianos en tiempo de extrema necesidad; e fizo tanta guerra en aquellas tierras, que en el reino de Granada el nombre de Rodrigo Manrique fue mucho tiempo a los moros grand terror.

Cercó asimismo este caballero la fortaleza de Alcaraz, por la reduzir a la corona real. Cercó la fortaleza de Uclés, por la reduzir a la su orden de Santiago. Esperó en estos dos sitios las gentes que contra él vinieron a socorrer estas fortalezas: e como quier que la gente contraria vido ser en mucho mayor número que la suya, mostró tal esfuerço, que los contrarios no le osaron acometer, e él consiguió con grand honra el fin de aquellas empresas que tomó: do se puede bien creer que venció, más con el esfuerço de su ánimo, que con el número de su gente.

Hobo asimismo este caballero otras batallas e fechos de armas con cristianos y con moros, que requerían grand estoria si de cada una por extenso se hobiese de hazer minción: porque toda la mayor parte de su vida trabajó en guerras e en fechos de armas.

Fablaba muy bien, e deleitábase en recontar los casos que le acaescían en las guerras.

Usaba de tanta liberalidad, que no bastaba su renta a sus gastos; ni le bastara si muy grandes rentas e tesoros toviera, segund la continuación que tovo en las guerras.

Era varón de altos pensamientos, e inclinado a cometer grandes e peligrosas fazañas, e no podía sofrir cosa que le paresciese no sofridera, e desta condición se le siguieron grandes peligros e molestias. E ciertamente por experiencia veemos pasar por grandes infortunios a muchos que presumen forçar la fuerça del tiempo, los cuales, por no sofrir una sola cosa, les acaesce sofrir muchas, e a muchos a quien de fuerça han de tener contentos para conseguir su poco sofrimiento.

Era amado por los caballeros de la orden de Santiago, los cuales, visto que concurrían en él todas las cosas dignas de aquella dignidad, le eligieron por maestre en la provincia de Castilla por fin del maestre don Juan Pacheco.

Murió con grand honra en edad de setenta años.

> Hernando del Pulgar: *Claros varones de Castilla*, ed. de J. Domínguez-Bordona, Madrid, Espasa-Calpe, 1954 («Clásicos Castellanos», 49), pp. 90-95. (Hemos modernizado ligeramente las grafías.)

2. *Antonio Serrano de Haro, en su estudio (citado en la Bibliografía)* Personalidad y destino de Jorge Manrique *(pp. 122-123), nos habla del retrato del poeta que se conserva en la Biblioteca Provincial de Toledo (véanse las ilustraciones):*

RETRATO DE DON JORGE

El retrato de D. Jorge que se conserva en la Biblioteca Provincial de Toledo debe proceder probablemente de la colección Lorenzana, y por tanto sería pintado en el siglo XVIII. Muestra un doncel italianizante del «cuatrocento». Nada sabemos en realidad de su apariencia física. Sí sabemos que el padre era de mediana estatura, de nariz prominente y aguileña y cabellos rojizos. Salazar y Castro, que conocía todas las referencias existentes sobre personajes de la casa de Lara, señala como constante familiar de los Manrique la estatura poco aventajada, y, efectivamente, no eran altos, que sepamos, ni el abuelo paterno de D. Jorge, D. Pedro Adelantado de León, de quien decía Sancho de Rojas, Arzobispo de Toledo, que «cuanto Dios le menguara el cuerpo, le acrecentara en el seso». Ni era alto el primo hermano de D. Jorge, primer duque de Nájera. Rasgo que también se repite en el padre y abuelo paterno de D. Jorge es la larga nariz.

Poco dicen estos antecedentes familiares, porque aunque hay siempre en la familia, entre padres e hijos sobre todo, un cierto aire común, este aire de familia es frecuentemente inaprensible, consiste en gestos, facciones aisladas, maneras, tono de voz. Palencia, que conocía personalmente a D. Jorge, hace una alusión a él en su *Crónica de Enrique IV* que podría implicar su aspecto externo; dice, al enfrentarlo con sus enemigos, que «les infundía espanto con su natural fortaleza». Hay que descartar una interpretación de este texto que atribuyera a D. Jorge figura brutal y feroz. Más bien parece indicar que disponía de una naturaleza vigorosa adecuada a sus dotes de capitán —que también señala Palencia—, y que una y otras eran causa de temor en el enemigo. Nada más cabe acercarse a ese antiguo espejo en que tantas veces se reflejó con precisión la imagen de D. Jorge para un día alejarse definitivamente.

Testimonio físico directo de D. Jorge no tenemos por el momento más que el de una firma suya al pie de una escritura de cesión. Es una firma clara. El nombre y apellido aparecen escritos en dos renglones:

«don Jorge
Manrique».

Trazos caligráficos sencillos encuadran la firma como en un paréntesis de alerta. La escritura es desligada, y letra y trazos son arponados con tendencia vertical.

El mismo autor reconstruye más o menos idealizadamente la muerte del poeta (p. 357):

Con este acopio de referencias parece que podría procederse a la reconstrucción de los hechos. Don Jorge, que muy gustosamente hostilizaba el Castillo de Garci Muñoz, pasa cerca de él con su caravana de presas avanzada ya la tarde. Han ocupado el día en desvalijar y atemorizar otros lugares de la Mancha de Aragón adictos al Marqués de Villena. Las tardes empiezan a alargarse y cuentan llegar a primeras horas de la noche al campamento. En gesto de desafío pasan cerca del Castillo exhibiendo su botín. Pedro de Baeza lanza unos hombres, que entretienen a la mesnada de don Jorge, y se presenta luego con el grueso de su fuerza. Es ya el atardecer. Lo prudente hubiera sido retirarse porque, además, la tropa real, con su reata de prisioneros y ganado, está embarazada para la lucha. Pero don Jorge no vacila en trabar combate. Ni puede volver la espalda al riesgo, ni menos tratándose de Pedro de Baeza, que lo ha derrotado en otras ocasiones y que no se ha intimidado por la fanfarronada del capitán de la reina. Ninguno de los dos entiende que esto no sea una lucha de sangre, sino de dialéctica. Aquel momento lo van a decidir de hombre a hombre. El combate es feroz, concentrado en torno a los dos capitanes porque las sombras impiden un amplio frente. Así fue como en la confusión y la noche resultaron gravemente heridos ambos. Atenderlos y ponerlos a salvo debió ir apaciguando el combate, que quedó indeciso, sin más vencedor que la muerte. Debía ser por los últimos días de abril. En la oscuridad quedarían algún tiempo los gritos de un herido, las voces de los hombres que se llamaban para agruparse. Sus soldados cogerían a don Jorge y emprenderían el camino de regreso, las dos leguas que dista Santa María del Campo.

II. En torno a las *Coplas*

1.   *Juan de Valdés (h. 1490-1541) en su* Diálogo de la lengua *emite un juicio, breve, pero como tantos otros acertado, sobre las* Coplas *de* Jorge Manrique*:*

Pero, porque digamos de todo, digo que, de los que han escrito en metro, dan todos comúnmente la palma a Juan de Mena, y a mi parecer, aunque la merezca cuanto a la doctrina y alto estilo, yo no se la daría cuanto al dezir propiamente ni cuanto al usar propios y naturales vocablos, porque, si no m'engaño, se descuidó mucho en esta parte, a lo menos en aquellas sus *Trezientas*, en donde, quiriendo mostrarse docto, escribió tan escuro, que no es entendido, y puso ciertos vocablos, unos que por grosseros se debrían desechar y otros que por muy latinos no se dexan entender de todos, como son *rostro jocundo, fondón del polo segundo*, y *cinge toda la sfera;* que todo esto pone en una copla, lo cual a mi ver es más escribir mal latín que buen castellano. En las coplas de amores que están en el *Cancionero general* me contento harto, adonde en la verdad es singularíssimo. En el mesmo *Cancionero* hay algunas coplas que tienen buen estilo, como son las de Garci Sánchez de Badajoz y las del bachiller de la Torre y las de Guevara, aunque éstas tengan mejor sentido que estilo, y las del marqués de Astorga. Y son mejores las de don Jorge Manrique que comiençan *Recuerde el alma dormida*, las cuales a mi juizio son muy dinas de ser leídas y estimadas, assí por la sentencia como por el estilo.

Juan de Valdés: *Diálogo de la lengua*, edición de Juan M. Lope Blanch, Madrid, Castalia, 1969 («Clásicos Castalia», 11), pp. 160-161.

2.   *En su visión de Jorge Manrique, publicada en* Al margen de los clásicos *(libro dedicado a Juan Ramón Jiménez, «poeta predilecto»), José Martínez Ruiz, Azorín (1873-1967), se vuelve a las* Coplas *desde su perspectiva actual y las encuentra profundamente evocadoras, susceptibles de ser «sentidas» por el lector:*

JORGE MANRIQUE

Jorge Manrique... ¿Cómo era Jorge Manrique? Jorge Manrique es una cosa etérea, sutil, frágil, quebradiza. Jorge Manrique es un escalofrío ligero que nos sobrecoge un momento y nos hace pensar. Jorge Manrique es una ráfaga que lleva nuestro espíritu allá hacia una lontananza ideal. La crítica no puede apoyar mucho sobre una de estas figuras; se nos antoja que examinarlas, descomponerlas, escrutarlas, es hacerlas perder su encanto. ¿Cómo podremos expresar la impresión que nos produce el son remoto de un piano en que se toca un nocturno de Chopin, o la de una rosa que comienza a ajarse, o la de las finas ropas de una mujer a quien hemos amado y que ha desaparecido hace tiempo, para siempre?

La mujer que vestía estas ropas, que acabamos de sacar de un armario, ha iluminado antaño nuestra vida. Con ella se fue nuestra juventud. Ni esa mujer ni nuestra juventud volverán más. Todos aquellos momentos, tan deliciosos en nuestra vida, *¿qué fueron sino rocíos de los prados?*

Rocíos de los prados, ha dicho el poeta. Otro poeta —Villon— había mostrado también una honda tristeza al preguntar *dónde estaban las nieves de antaño*. Ni los rocíos ni las nieves de antaño vuelven. Un tercer poeta, en nuestros días, uno de los raros poetas de honda emoción —Verdaguer—, había de hacernos experimentar del mismo modo una abrumadora tristeza al preguntar en su magnífico poema *Recorts y somnis*, dónde están nuestras pasadas alegrías y nuestros compañeros de la lejana adolescencia:

> ¿Ahon sou, mes companyones?
> ¿Ahon sou, mos companyons?

Azorín: *Al margen de los clásicos*, Madrid, Publicaciones de la Residencia de Estudiantes, 1915, pp. 23-24.

3.   *Antonio Machado (1875-1939) nos dice que Juan de Mairena (Sevilla, 1865-Casariego de Tapia, 1909), «poeta, filósofo, retórico e inventor de una Máquina de Canción», es autor «de una* Vida de Abel Martín, *de un* Arte Poética, *de una*

colección de poesías : Coplas mecánicas, *y de un tratado de metafísica :* Los siete reversos». *De esa Arte Poética, incluida en* De un cancionero apócrifo *(1924-1926), y que Machado comienza recordándonos que Mairena «se llama a sí mismo el poeta del tiempo» y define la poesía como «un arte temporal», reproducimos el fragmento que trata sobre Jorge Manrique :*

«Todas las artes —dice Juan de Mairena en la primera lección de su *Arte poética*— aspiran a productos permanentes, en realidad, a frutos intemporales. Las llamadas artes del tiempo, como la música y la poesía, no son excepción. El poeta pretende, en efecto, que su obra trascienda de los momentos psíquicos en que es producida. Pero no olvidemos que, precisamente, es el tiempo (el tiempo vital del poeta con su propia vibración) lo que el poeta pretende intemporalizar, digámoslo con toda pompa: eternizar. El poema que no tenga muy marcado el acento temporal estará más cerca de la lógica que de la lírica.»

»Todos los medios de que se vale el poeta: cantidad, medida, acentuación, pausas, rima, las imágenes mismas, por su enunciación en serie, son elementos temporales. La temporalidad necesaria para que una estrofa tenga acusada la intención poética está al alcance de todo el mundo; se aprende en las más elementales Preceptivas. Pero una intensa y profunda impresión del tiempo sólo nos la dan muy contados poetas. En España, por ejemplo, la encontramos en don Jorge Manrique, en el Romancero, en Bécquer, rara vez en nuestros poetas del Siglo de Oro.

»Veamos —dice Mairena— una estrofa de don Jorge Manrique:

> ¿Qué se hicieron las damas,
> sus tocados, sus vestidos,
> sus olores?
> ¿Qué se hicieron las llamas
> de los fuegos encendidos
> de amadores?
> ¿Qué se hizo aquel trovar,
> las músicas acordadas
> que tañían?
> ¿Qué se hizo aquel danzar,
> aquellas ropas chapadas
> que traían?

»Si comparamos esta estrofa del gran lírico español —añade Mairena— con otra de nuestro barroco literario, en que se pretenda expresar un pensamiento análogo: la fugacidad del tiempo y lo efímero de la vida humana, por ejemplo: el soneto *A las flores*, que pone Calderón en boca de su Príncipe Constante, veremos claramente la diferencia que media entre la lírica y la lógica rimada.»

»Recordemos el soneto de Calderón:

> Éstas que fueron pompa y alegría,
> despertando al albor de la mañana,
> a la tarde serán lástima vana
> durmiendo en brazos de la noche fría.
>
> Este matiz que al cielo desafía,
> iris listado de oro, nieve y grana,
> será escarmiento de la vida humana:
> tanto se aprende en término de un día.
>
> A florecer las rosas madrugaron,
> y para envejecerse florecieron.
> Cuna y sepulcro en un botón hallaron.
>
> Tales los hombres sus fortunas vieron:
> en un día nacieron y expiraron,
> que, pasados los siglos, horas fueron.»

»Para alcanzar la finalidad intemporalizadora del arte, fuerza es reconocer que Calderón ha tomado un camino demasiado llano: el empleo de elementos de suyo intemporales. Conceptos e imágenes conceptuales — pensadas, no intuidas— están fuera del tiempo psíquico del poeta, del fluir de su propia conciencia. Al *panta rhei*[1] de Heráclito sólo es excepción el pensamiento lógico. Conceptos e imágenes en función de conceptos — substantivos, acompañados de adjetivos definidores, no cualificadores— tienen, por lo menos, esta pretensión: la de ser hoy lo que fueron ayer, y mañana lo que son hoy. El *albor de la mañana* vale para todos los amaneceres; la *noche fría*, en la intención del poeta, para todas las noches. Entre tales nociones definidas se establecen relaciones lógicas, no menos intemporales que ellas. Todo el encanto del soneto de Calderón —si alguno tiene— estriba en su corrección silogística. La poesía aquí no canta, razona, discurre en torno a unas cuantas definiciones. Es —como todo o casi todo nuestro barroco literario— escolástica rezagada.

»En la estrofa de Manrique nos encontramos en un clima espiritual muy otro, aunque para el somero análisis, que suele llamarse crítica literaria, la diferencia pase inadvertida. El poeta no comienza por asentar nociones que

---

[1] *panta rhei*: «Todo fluye». Según Platón, para Heráclito «todo fluye y nada permanece, y compara todo lo existente a la corriente de un río, diciendo que no se puede uno meter dos veces en el mismo río».

traducir en juicios analíticos, con los cuales construir razonamientos. El poeta no pretende saber nada; pregunta por damas, tocados, vestidos, olores, llamas, amantes... El ¿qué se hicieron?, el devenir en interrogante individualiza ya estas nociones genéricas, las coloca en el tiempo, en un pasado vivo, donde el poeta pretende intuirlas, como objetos únicos, las rememora o evoca. No pueden ser ya cualesquiera damas, tocados, fragancias y vestidos, sino aquellos que, estampados en la placa del tiempo, conmueven —¡todavía!— el corazón del poeta. Y *aquel trovar, y el danzar aquel* —aquellos y no otros— ¿qué se hicieron?, insiste en preguntar el poeta, hasta llegar a la maravilla de la estrofa: *aquellas ropas chapadas*, vistas en los giros de una danza, las que traían los caballeros de Aragón —o quienes fueren—, y que surgen ahora en el recuerdo, como escapadas de un sueño, actualizando, materializando casi el pasado, en una trivial anécdota indumentaria. Terminada la estrofa, queda toda ella vibrando en nuestra memoria como una melodía única, que no podrá repetirse ni imitarse, porque para ello sería preciso haberla vivido. La emoción del tiempo es todo en la estrofa de don Jorge; nada, o casi nada, en el soneto de Calderón. La diferencia es más profunda de lo que a primera vista parece. Ella sola explica por qué en don Jorge la lírica todavía un porvenir, y en Calderón —nuestro gran barroco—, un pasado abolido, definitivamente muerto.»

Antonio Machado: *Nuevas canciones* y *De un cancionero apócrifo*, ed. de José María Valverde, Madrid, Castalia, 1971 («Clásicos Castalia», 32), pp. 217-220.

4.   *Américo Castro (1885-1972) ha dedicado preciosos textos a las* Coplas de Jorge Manrique. *Elegimos fragmentos de dos de ellos.*

El primero, «Muerte y belleza. Un recuerdo a Jorge Manrique», fue publicado en La Nación *(Buenos Aires, 16 de enero de 1930). Recogido en* Semblanzas y estudios españoles, Princeton, 1956 *y en* Hacia Cervantes. *Nuestro fragmento está tomado de este libro (pp. 55-56), que ya ha sido citado en la Bibliografía. Para los dos sepulcros a los que se refiere Castro, véanse las ilustraciones.*

La plástica contemporánea refleja, como era de esperar, el giro innovador que arrebata a los mejores ánimos durante esa segunda mitad del siglo xv. ¿Quién no recuerda la figura del exquisito mancebo, don Martín Vázquez de Arce, y el encanto de su tumba en la catedral de Sigüenza? Sobre el personaje y la obra que lo inmortaliza escribió páginas excelentes Ricardo de Orueta. Para nuestro objeto sólo importaría ahora establecer riguroso enlace entre el sentido que inspiró esta lindísima y serena encarnación del morir y los versos igualmente serenos y juveniles de Jorge Manrique. Aire moderno puso en aquel mármol el genial y anónimo artista de la capilla de los Arce. El doncel de Sigüenza moría en 1486, luchando frente a Granada con alegre heroísmo. Compárese su enterramiento con este otro que ofrezco a la consideración del lector: el de Gómez Carrillo de Albornoz, finado en 1448, y cuya tumba se halla asimismo en el templo de Sigüenza. Carrillo de Albornoz encarna la idea del acabamiento; en él todo fue. Sus manos ociosas, su faz exánime lo sumen en el no ser. Vázquez de Arce está, en cambio, en plena vitalidad. Reposa elegantemente, se entrega al lujo de continuar cultivando su espíritu en una grave lectura. El agudo puñal que roza su mano orienta la punta hacia la acción enérgica: meditar, luchar, han sido afanes máximos para los veinticinco años de esta vida, que no se decide a concluir. Se instala en cómoda postura, comienza a pasar los folios del grueso volumen para dar tiempo a que transcurra esa impertinencia de morirse cuando no hacía falta. Seguridad, confianza. No queremos extinguirnos como ese vecino de catedral, Carrillo de Albornoz. Está muy feo y debe aburrirse.

El segundo fue publicado con el título «Cristianismo, Islam, Poesía en Jorge Manrique» en la revista, dirigida por Cela y publicada en Palma de Mallorca, Papeles de Son Armadans, mayo de 1958. Reproducido más tarde «con correcciones», fue recogido como obra póstuma en Sobre el nombre y el quién de los españoles *(véase la Bibliografía). Reproducimos el comienzo (p. 285) y un fragmento posterior (pp. 291-292):*

Las melancólicas y entrecortadas cadencias de Jorge Manrique continúan estremeciendo «nuestras vidas», lo que fue, es o podrá ser en ellas y de ellas. Y como cada quien echa de menos algo en su vivir —esperanzas fallidas— y cuenta con su morir —esperanza sin falla— las *Coplas* sobre lo inmortal en lo mortal continuarán haciéndonos sentir el compás alternado de sus abiertas perspectivas y oscuras cerrazones; de lo que parece ser y de lo desvanecido.

* * *

Lo válido y en riesgo para Jorge Manrique era lo manifiesto para un caballero que, como él, acabaría dando su vida en conexión con las mismas circunstancias que hicieron posible escribir las *Coplas:* «Dejemos a los troyanos...; dejemos a los romanos...; vengamos a lo de ayer.»
Lo perecedero, en cuanto sentido como grato, seductor o importante, aparece como conciencia de su fluir evanescente gracias a estas simples

palabras: «nuestras vidas son los ríos...», un símil tópico a primera vista. Observado más de cerca, ese símil posee la deliciosa virtud de convertir en «nuestro» el deslizarse de cuanto corre mansamente hacia *su* nada, y en ello justamente yace la fuerza hispánica, y no sólo hispánica, de tan suprema poesía: «pereat mundus», mas no mi sentir, ni mi testimonio de su acabamiento: «No me podrán quitar el dolorido sentir» (Garcilaso); «Sola a una mujer amaba... Que fue verdad, creo yo, en que todo se acabó, y *esto solo no se acaba*» (Calderón).

¿A dónde fue a parar el rey don Juan, su víctima don Álvaro de Luna, el príncipe Alfonso, aquel niño inocente a quien dieron yerbas? Estaban ahí poco ha, los familiares del poeta los vieron y habían fundado esperanzas sobre ellos, y él mismo, Jorge Manrique, ha contemplado cosas semejantes. La desaparición de aquellas grandezas no era como la de Troya, Nínive o Babilonia; estaban ahí, concreta e *hispánicamente próximas a nosotros*, henchían el ámbito de nuestras vidas personales. Las *Coplas*, por consiguiente, valen por ser mucho más que un prolongado tópico, armonizado en dulces cadencias para halago de los sentidos y reposo de almas intranquilas en el supremo trance. Su virtud se funda en haber superado lo engañoso del vivir merced a una cierta y entrañable conciencia de su fluir, por la creada por el poeta. No somos ríos —la imagen, así tomada en sentido directo, es inoperante. Ahora bien, sentir *como* si fuésemos ríos, como una conciencia sensible que permanece y dura por serle inherente su mismo estar «transiéndose», eso sí permite gozar del perenne fluir de esta vida comunicable —una creación única y absoluta de realidad humana. Sin el «nuestras vidas son los ríos...», sin ese abrazarlas como «nuestras», no nos explicaríamos ahora cómo tan desanimadora elegía pudo conservar su dulzura, aún sabrosa a los quinientos años. La nada de cuanto se fue, aparece unida necesariamente a todos los desvanecidos, a quienes fueron haciéndose *su nada*, en un contraste de luz y sombra que, como tal contraste, forma una línea de luces discontinuas, afirmadas como un ser frente al no-ser. Tal vez sería posible por esta vía llegar a vislumbrar el sentido positivo de la valoración poética y artística (cuando realmente existe) de toda forma de realidad deficiente, de la zona de lo sentido a primera vista como fealdad, mortalidad, engaño, como repelencia negativa. Quizá habría que hablar entonces de la belleza del sentir «*su* no estar siendo», más bien que de una evocación de «*su* no ser».

5.   *Pedro Salinas (1892-1951) ha visto a Jorge Manrique como síntesis de «tradición y originalidad» en un brillante estudio (véase la Bibliografía) del que recogemos unos párrafos (pp. 174-177) dedicados a las famosas coplas que inician el tema del* ubi sunt...:

En este recurso se le abrió a Jorge Manrique la gran ocasión de grandeza de su poema, que aprovechó genialmente en las Coplas tan famosas, la 16 y 17. El personaje ejemplar es el rey don Juan II, pero el monarca no vale por sí: sirve como centro de un círculo, de un ámbito humano, en el que bullen animadamente las formas más exquisitas de la vida: la Corte. Apenas nombrado don Juan el poeta lo abandona y moviliza ante nuestra imaginación el fastuoso y alegre espectáculo del vivir palatino. Jorge Manrique ha encontrado algo de más alcance significativo que un varón eminente, emperador o rey, para encarnar su ejemplo. Es un personaje plural en el que están insertos la figura dominante del rey y un golpe de figuras menores, los cortesanos, damas, trovadores, galanes, danzarines, justadores. ¿El mundo? Sí, el mundo, la sociedad de los hombres en su grado de mayor afinación y hermosura. La corte es concentración y apogeo de los placeres terrenales de más subida exquisitez. A ella van a parar los primores de toda suerte. Es una minoría de perfecciones; de las damas, las de mayor gracia; de los caballeros, los de más garbo e ingenio; de los trovadores, los más sutiles; de los señores, los más poderosos. Más que el mundo, lo mejor del mundo, la flor de la vida. Como los personajes, los actos: regocijos, júbilos organizados, alegrías de salón y de torneo, amores acendrados por la poesía, festines entre música. Nunca los bienes mundanos se le presentaron al hombre más lúcidos ni seductores. Parece como que aquí concentran toda su fuerza de hechizo y captación. Serán mentirosos, como afirmó el filósofo, pero ¡qué apariencias tan preciosas, tan agraciadas, tan irresistibles, las de esa mentira! ¿Habrá muchos que las resistan? Eso es la corte. Nos ponen esas estrofas en uno de los momentos culminantes de la lucha, entre lo eterno y lo temporal, representada en este encuentro terrible entre la corte y la muerte. Combate de poder a poder.

Otro personaje hay que yo vislumbro, el más conmovedor de todos, allí en medio de ese torbellino de los encantos cortesanos. El mismo poeta, Jorge Manrique. ¿Quién no siente que esos placeres no le fueron ajenos? ¡Cómo no recordar ahora sus poesías amatorias que forman el mayor bulto de todo lo que escribió! Poesías son de corte, empapadas de sensualismo cortesano.

> ¿Qué se hicieron las llamas
> de los fuegos encendidos
> de amadores?
> ¿Qué se hizo aquel trovar?

En esas llamas avivadas por tanto soplo retórico, se ardió el poeta. Y él fue uno de los trovadores de aquel incesante trovar de palacio. Hay en estos

24 versos un temblor, un estremecimiento que los distingue y los separa de
todos los demás de la elegía, trémolo carnal, el temblor de la sensualidad,
el temblor de los goces de los sentidos. ¡Qué finamente está recordado el
ejercicio de todos ellos! Para la vista, la hermosura de las damas, de sus tocados
y sus vestidos, los paramentos, bordaduras y cimeras de los caballeros del
torneo; para el oído, el trovar, y «las músicas acordadas»; los olores
perfumados dan su parte al olfato; y cuando el poeta habla de las «ropas
chapadas», casi se las siente táctiles, con su pesada y suntuosa riqueza. No
hay poeta entero si le falta el don de la sensualidad. Podrá rendirse a ella
sin condiciones como un Ronsard[1]; podrá entretejerla con primor de
encaje, con lo intelectual, como John Donne[2]; podrá purificarla, domeñan-
do de tal manera sus ardores que los ponga al servicio de lo más espiritual,
como San Juan de la Cruz. Pero allí está siempre. Jorge Manrique, alma
pudorosa, arrepentido de sus devaneos eróticos de las poesías menores, la
mantiene celada e invisible en 38 de las 40 estrofas de sus Coplas; pero en
estas dos le hace traición. A la elegía se le suben los colores, como a una
cara; se sonrosa de vida. Y es lo extraño en estos versos evocadores de la
corte que queriendo ser castigo del engaño de los sentidos y la sensualidad
nos acaricien los sentidos, nos empujen a la complacencia en lo sensual. La
alta visión ascética que se mantiene tan firme en todo el poema desfallece
por un momento, sin querer, y entre las cláusulas y los propósitos homiléticos[3]
sonríen, antiguas sirenas, las tentaciones. En las tierras castellanas también
se desarrolla la campiña descarnada y monda en suaves ondulaciones,
como las *Coplas;* sin embargo, entre dos severos alcores se halla el viajero,
maravillosamente sorprendido, con un rincón donde inspirados por algún
arroyuelo se apiña una arboleda, se atreven unas flores y se puebla el aire
momentáneamente del pío de las avecillas. Este es en el poema de Manrique el breve e intensísimo oasis, aislado para nuestro placer eterno entre los
roquedales sentenciosos y las llamadas explicativas.

6.   *Luis Cernuda (1902-1963) en un ensayo titulado «Tres poetas metafísicos»,
fechado en 1946, estudia tres poemas: las* Coplas de Jorge Manrique, *la* Epístola a
Arias Montano *de Francisco de Aldana y la* Epístola Moral a Fabio, *atribuida
hoy a Fernández de Andrada, poemas que «buscan en la existencia un más allá*

---

[1] Pierre de Ronsard (1524-1585), poeta francés, cantó en sonetos que unen tierno
apasionamiento y melancólica sensualidad el tema del *Carpe diem.*

[2] John Donne (1572-1631), poeta inglés, renovador de la poesía de su tiempo,
incomprendido entonces, muy apreciado hoy, forma parte del grupo de poetas llamados «metafísicos».

[3] *homiléticos:* derivado de *homilía,* 'sermón'.

conclusivo, según el cual orientar sus tres diferentes experiencias poéticas y humanas; y por caminos distintos llegan a esta equivalente solución: la fantasmagoría que nos cierne, conforme al testimonio de los sentidos, sólo adquiere significación al ser referida a una vislumbre interior del mundo suprasensible». El texto que sigue es un fragmento del capítulo dedicado a Jorge Manrique (pp. 60-64):

El punto de partida de las *Coplas* es un hecho concreto: la muerte de Don Rodrigo Manrique, padre del poeta. Mas exenta su emoción de complacencia personal, en vez de una representación particular de la muerte, lo que hay en sus versos es una representación simbólica y universal de ella, contrastando su poderío irrevocable con la belleza efímera de la vida, y no para negar ésta, sino precisamente para acrisolar la belleza por la fugacidad. ¿Sería necesario buscar tras dicha actitud una creencia religiosa? El cristianismo la determina, pero sin informarla enteramente, como ocurre igual en la *Epístola a Arias Montano* y la *Epístola Moral*.

Los gestos y actos de la vida aparecen en las *Coplas*, no inmovilizados, sino avanzando hacia una meta que es la muerte, ante la cual agrandan su significado, ya fútil, ya hondo, dramáticamente. Con movimiento imperceptible, tal el de la existencia, se deslizan los versos, su unidad de visión no excluyendo transiciones menos voluntarias que inevitables, para considerar un punto aquello que la lenta huida del tiempo leva de nosotros y de nuestro contorno. Y como su concepción de la vida no la expresa por modo abstracto, sino a través de formas concretas, encarnando sus intuiciones en la realidad inmediata, puede así movernos más directamente. Sus términos de comparación no son cosas, hechos, seres remotos:

> No curemos de saber
> lo de aquel siglo pasado,
>   qué fue de ello:
> vengamos a lo de ayer,
> que también es olvidado
>   como aquello.
>
> ¿Qué se hizo el rey Don Juan?
> Los infantes de Aragón,
>   ¿qué se hicieron?
> ¿Qué fue de tanto galán?
> ¿Qué fue de tanta invención
>   como trujeron?
> Las justas y los torneos,
> paramentos, bordaduras
>   y cimeras,
> ¿fueron sino devaneos?

> ¿Qué fueron, sino verdura
>   de las eras?
> ¿Qué se hicieron las damas,
> sus tocados, sus vestidos,
>   sus olores?
> ¿Qué se hicieron las llamas
> de los fuegos encendidos
>   de amadores?
> ¿Qué se hizo aquel trovar,
> las músicas acordadas
>   que tañían?
> ¿qué se hizo aquel danzar,
> aquellas ropas chapadas
>   que traían?

Cosas, hechos, seres del contorno inmediato, enlazados con la vida misma que sus contemporáneos y él conocieron, y cuyo paso y desaparición, cifradas así, en frivolidad brillante, en elegante futileza, tan vívida imagen presentan a la memoria de lo que hoy ya no es más, de lo que ha sido y no podrá volver a ser.

Pero tal consideración melancólica no la hace el poeta para detenernos en ella, sino para que la sobrepasemos. La muerte no es algo distinto de la vida, es parte integrante de ella, cuya perfección misma se logra en la muerte, sin la cual la vida no tendría más sentido que un ocioso *juego de luces y sombras*. De la intención que el hombre ponga en sus actos, al referir intenciones y actos a la muerte, nace su inmortalidad ante la fama, su resurrección impersonal en el pensamiento de las generaciones. Esto no supone una negación de la vida, a lo que inevitablemente llevaría la concepción cristiana exclusiva de nuestra existencia; es sólo una serena afirmación de ella, no disuadiendo, sino estimulando a la acción temporal mundana. De la otra inmortalidad, la sobrenatural, Manrique dice, con reserva digna de subrayarse, que según nuestra conducta en el mundo, además de la inmortalidad de la fama, podemos hallarnos también en camino de alcanzar la segunda; mas sin asegurarla ni convertirla en móvil exclusivo de nuestra conducta terrena:

> Esperad el galardón
> que en este mundo ganastes
>   por las manos;
> y con esta confianza,
> y con la fe tan entera
>   que tenéis,
> partid con buena esperanza.

Dicha interpretación lata deja a salvo la responsabilidad ética del hombre para con su propia vida, según una finalidad terrena. La posible gloria sobrenatural y la natural se adquieren por la acción, y ésta tiene la particularidad de ser tanto más adecuada para ganarnos la gloria sobrenatural cuanto más adecuada sea para ganarnos la natural. El mundo terreno y el ultraterreno no se excluyen, como la religión pretende, sino que coinciden, y la muerte, que para el cristiano es comienzo de la vida verdadera, resulta aquí culminación de nuestra misma vida terrena, en nuestro propio mundo.

De ahí su idea de la muerte como principio activo de la existencia, cuyo justo empleo, lejos de consistir en una renuncia, consiste en una colaboración afirmativa. Y su acto final no debe ser «la celada en que caemos», sino trance decisivo adonde nos lleva cada paso, requiriendo, para su perfección, nuestro asentimiento:

> Y consiento en mi morir
> con voluntad placentera.

Por tal modo la realidad invisible de la vida coincide con la visible, y el hombre que afirma denodadamente la una afirma también la otra. El hombre muere para que nazca el héroe.

> Luis Cernuda: *Poesía y Literatura*, Barcelona-México, Seix Barral, 1960, pp. 60-64.

III. Poemas

Gerardo Diego (n. en 1896) dedica una «Glosa a Manrique» en su libro Poemas adrede *(1926-1943) que lleva como lema este texto de Juan Ramón Jiménez: «La rosa, ¿cómo puede estar vestida y desnuda a un tiempo?».*

GLOSA A MANRIQUE

> *Por más merecer la gloria*
> *de las altas alegrías*
> *de Cupido*
>
> Jorge Manrique

Delicada criatura
que entre las rocas floreces
del ayer
no juzgues a desventura
si la luz paga con creces
tu crecer

Bueno es que el sol te interprete
mejor que narre la luna
tu conciencia
si el cierzo no compromete
tu mecer tierno entre cuna
y entre ausencia

Cuando gimen de las olas
a puro volar de espumas
los amores
no es para que en las consolas
se estrellen nácares plumas
y rubores

mas no importa porque el hombre
que del caracol aprende
laberinto
sin que ya nada le asombre
tuerce por tu alma y hiende
su recinto

Es porque te reconocen
y te aman y porque saben
que en tu almohada
por cada surco que gocen
peces irán que te claven
con su espada.

Linda hipótesis de llama
realidad de alta hermosura
mi imposible
pues que la luna que te ama
te limita de locura
indivisible

Puedes al cielo negar
y te es lícita la duda
de mujer
y hasta puedes ignorar
esa flor que se desnuda
de placer

Abrasa mi hilo-memoria
con las chispas que solías
Te lo pido
por más merecer la gloria
de las altas alegrías
de Cupido

Gerado Diego: *Poesía de creación*, Barcelona, Seix Barral, 1974, pp.
199-200.

2.   *En algunos poemas de José Bergamín (1897-1983), fechados entre 1978-1981,
late, más o menos explícita, la huella y la viva alusión a las* Coplas de Jorge
Manrique *y sus temas esenciales:*

A la mar, «que es el morir»,
van los ríos a parar;
para volverse a dormir
y no dejar de soñar.

Un soñar, que es el vivir,
del que no hay que despertar.
Tu corazón, como el río,
siente su cauce vacío.

* * *

Recuerde el alma dormida,
avive el seso y despierte...

Si está el alma dormida,
¿para qué despertarla?
¿Para qué despertar con el recuerdo
el sueño en que descansa?

Si la corta agonía de la muerte
puede hacerse tan larga,
¿por qué no adormecerla en el olvido
de su memoria amarga?

* * *

Muy poco a poco,
lentamente,
me estoy muriendo
de repente.

Y de mi vida desconfío
porque no corre
como el río.

José Bergamín: *Esperando la mano de nieve* (1978-1981), Madrid, Turner, 1982, pp. 42, 185, 159.

Pablo Neruda (1904-1973) incluye entre sus Nuevas Odas elementales *(enero de 1956) esta «Oda a Don Jorge Manrique»:*

Adelante, le dije
y entró el buen caballero
de la muerte.

Era de plata verde
su armadura
y sus ojos
eran
como el agua marina.

Sus manos y su rostro
eran de trigo.

Habla, le dije, caballero
Jorge,
no puedo
oponer sino el aire
a tus estrofas.

De hierro y sombra fueron,
de diamantes
oscuros
y cortados
quedaron
en el frío
de las torres
de España,
en la piedra, en el agua,
en el idioma.

Entonces, él me dijo:
«Es la hora
de la vida.

Ay
si pudiera
morder una manzana,
tocar la polvorosa
suavidad de la harina.
Ay, si de nuevo
el canto...
No a la muerte
daría
mi palabra...
Creo
que el tiempo oscuro
nos cegó
el corazón
y sus raíces
bajaron y bajaron
a las tumbas,
comieron
con la muerte.

Sentencia y oración fueron las rosas
de aquellas enterradas
primaveras
y, solitario, trovador,
anduve
callado en las moradas
transitorias.
Todos los pasos iban
a una solemne
eternidad
vacía.

Ahora
me parece
que no está solo el hombre.
En sus manos
ha elaborado,
como si fuera un duro
pan, la esperanza,
la terrestre
esperanza».

Miré y el caballero
de piedra
era de aire.

Ya no estaba en la silla.

Por la abierta ventana
se extendían las tierras,
los países,
la lucha, el trigo,
el viento.

Gracias, dije, Don Jorge, caballero.

Y volví a mi deber de pueblo y canto.

    Pablo Neruda: *Obras completas*, I, Buenos Aires, Losada, 1967
(3.ª ed.), pp. 1.290-1.292.

4.   «*Con Jorge Manrique*» *es un poema que Dionisio Ridruejo (1912-1975) incluye
en* Convivencias *(1914-1958), publicado en* Hasta la fecha, *aunque parte de él se*

había publicado como apéndice de En once años. *El poema va dedicado a Julián Marías.*

Desde su almena de tiempo
sigue hablando el caballero.

Sigue como pasa el río
efímeramente vivo.

Como la hierba del prado
agostada y rebrotando.

Como las danzas y olores
que hemos amado y ya nacen
para nuevos amadores.

Como hazañas y poderes
que hacen polvo de camino
y lo harán en lo que viene.

Como la vida y el hombre
nunca bastante y de prisa
pidiendo esperanza doble.

Como la muerte en su troje.

Todo es hacerse: el trabajo
del que se hace por sus manos.

El sueño de los que sueñan.
El rezo de los que rezan.
El pelear contra moro,
contra tirano o galerna,
contra suerte o contra todo.

Todo es hacerse en el hombre;
en el nombre que nos muestra
y en la historia que nos come.

El caballero murmura
agua aborrascada o pura.

Todo es vivir repitiendo
cumpliendo a Dios al encuentro.

Todo es levantar del barro
al interminable humano.

El caballero resuena
agua antigua y venidera.

El canto es sereno: dice
la verdad; la está diciendo
el caballero del tiempo.

Dionisio Ridruejo: *Hasta la fecha (Poesías completas)*, Madrid, Aguilar, 1961, pp. 515-516.

5. «*Túmulo de gasoil*», *es un poema de Blas de Otero (1916-1979), perteneciente a* Hojas de Madrid *con* La galerna, *incluido por el propio poeta en una antología de su obra:*

TÚMULO DE GASOIL

Hojas sueltas, decidme, qué se hicieron
los Infantes de Aragón, Manuel Granero, la pavana
para una infanta,

si está Madrid iluminado como una diapositiva
y sólo en este barrio saltan, ríen, berrean setenta o
    setenta y cinco niños
y sus mamás ostentan senos de Honolulú, y pasan
    muchachas con sus ropas chapadas,
faldas en microsurco, y manillas brillantes y sandalias
    de purpurina,
hojas sueltas, caídas
como cristo contra el empedrado, decidme,
quién empezó eso de cesar, pasar, morir,
quién inventó tal juego, ese espantoso solitario
sin trampa, que le deja a uno acartonado,
si la plaza de Oriente es una rosa de Alejandría,
ah Madrid de Mesonero, de Lope, de Galdós y de
    Quevedo,
inefable Madrid infectado por el gasoil, los yanquis y
    la sociedad de consumo,
ciudad donde Jorge Manrique acabaría por jodernos a
    todos,
a no ser porque la vida está cosida con grapas de
    plástico
y sus hojas perduran inarrancablemente bajo el rocío
    de los prados
y las graves estrofas que nos quiebran los huesos y los
    esparcen
bajo este cielo de Madrid ahumado por cuántos años
    de quietismo,
tan parecidos a don Rodrigo en su túmulo de terciopelo
    y rimas cuadriculadas.

Blas de Otero: *Verso y prosa*, ed. del autor, Madrid, Cátedra,
1982 (10.ª edición) («Letras Hispánicas», 3), pp. 85-86.

Orientaciones para el estudio de las *Coplas*

Recientemente, en una edición de las poesías de Jorge Manrique publicada en 1980, el estudio de las *Coplas a la muerte de su padre* comienza con estas palabras: «Las *Coplas* de Jorge Manrique constituyen uno de los lugares comunes más cruelmente manejados, malinterpretados, supravalorados —o erróneamente valorados— y torpemente asumidos en toda la literatura española.» Cincuenta años antes, 1930, Américo Castro, en bella interrogación retórica, se preguntaba: «¿Cómo la expresión de un mero lugar común, que ya en el siglo xv gozaba de milenaria reiteración, pudo convertirse en goce deleitoso para gentes de tan diversa laya?», y encontraba poética respuesta: «Las *Coplas* de Jorge Manrique, por muchas que sean sus conexiones tópicas con el pasado literario, valdrán siempre como el destello de una conciencia iluminada en ese supremo instante en que las ráfagas de los arreboles y los violetas entablan contra el crepúsculo un combate tan perdido como ganado para el contemplador. El ocaso es aquí extinción y a la vez salvación de sí mismo.» Con tan bella paradoja acerquémonos también nosotros a ese poema, canto sereno, reposado y alentador de una muerte asumida, pero también enaltecimiento exquisito de la vida, angustia existencial que desencadena el conflicto trágico de ver esfumarse valores humanos que no quisiéramos ver malogrados; como otros poetas de su tiempo, Jorge Manrique «evoca en su atractivo —es decir, con apreciación no ascética— el mundo al que está renunciando». Todo ello en el marco conflictivo de un siglo, mil cuatrocientos, atravesado en toda Europa por los afanes de ultratumba, con la contradicción que supone el contemplar cómo la época del humanismo, de la entrega al goce, de la aparente ausencia de toda inquietud, es al mismo tiempo la hora «de las congojosas preguntas».

Desde el estudio de Ana Krause en 1937, se suele dividir el conjunto del poema en tres partes, un eslabón más en la historia de la estructura tripartita apoyada más o menos en la función mágica del número tres; tres son también las facetas de la vida que aparecen en las *Coplas* como idea y como representación: la vida terrenal, la vida de la fama y la vida eterna.

La primera parte tiene un carácter filosófico y universal, una llamada al hombre para que recuerde su condición mortal y su destino divino, la posesión de una vida eterna a cambio de la muerte; la segunda ejemplifica con hechos concretos las anteriores afirmaciones generales en un impresionante retrato de la vida sensorial, espléndida, multicolor, brillante, más deslumbrante aún por fugaz y transitoria; la tercera se individualiza en torno al maestre don Rodrigo, en quien encarna la vida de la fama conseguida con esfuerzo y voluntad que le harán acreedor a la salvación final. Parte el poema de la meditación, «Recuerde el alma dormida...» y culmina en la aceptación consciente, «Consiento en mi morir / con voluntad plazentera...».

Dividir el poema en tres partes, explicando qué criterio se ha seguido para ello.

Señalar y ordenar las alusiones a las tres vidas. ¿Hay algún matiz diferencial en las distintas alusiones? ¿Por qué?

Parece que en el plan general de las *Coplas*, Jorge Manrique va de lo general a lo particular. Justificar esta idea. Comprobar si, dentro de ciertas subdivisiones, por ejemplo temáticas, mantiene la misma tendencia.

Recuerde el alma dormida...

Las tres primeras *Coplas* plantean una profunda meditación sobre la vida. La primera se inicia en tono exhortativo: *recuerde...*, *avive...*, *despierte...*, que se combina con la pura enunciación:

> · Recuerde el alma dormida,
> avive el seso e despierte
> contemplando
> cómo se passa la vida,
> cómo se viene la muerte
> tan callando,
>   cuán presto se va el plazer,
> cómo, después de acordado,
> da dolor;
> cómo, a nuestro parescer,
> cualquiere tiempo passado
> fue mejor.

Por encima de concretos antecedentes literarios, evocan estos versos a San Pablo en la *Epístola* a los Efesios: «Despierta tú que duermes y levántate de entre los muertos y te iluminará Cristo», despertar necesario para «contemplar» la llegada de la muerte «tan callando», gerundio que no parece significar «sin ruido, silenciosamente», sino el desembocar obligatorio, inevitable e imprevisible, del paso del tiempo, del «cómo se passa la vida» reiterado, incluso anafóricamente, en la llegada del final: «cómo se viene la muerte». También silencioso irrumpe en la copla el pasado, pasado que ya no es, pero que sigue viviendo en el recuerdo, aún más, «fue mejor» —nos dice el poeta— no en el pasado, sino precisamente en el presente, en «nuestro parescer»; cuando ya no es, remoto ya, se nos hace, paradójicamente, digno de recuerdo («después de acordado») y de olvido («da dolor»).

Perpetuamente vivo este concepto de la temporalidad irreversible que ya para San Agustín «no existe si no es la conciencia del pasado», sigue reflexionando Manrique en cláusulas reiterativas, unificando presente, pasado y futuro:

> Pues si vemos lo presente
> cómo en un punto s'es ido
> e acabado,
> si juzgamos sabiamente,
> daremos lo non venido
> por passado.

para deducir la consecuencia de alcance universal: «Non se engañe nadi, no...», profundo saber del tiempo pasajero, de su firmeza
y mudanza, «pues que todo ha de passar / por tal manera»,
que es quizá la del propio hecho de pasar «como si no se pudiese
pasar de otra manera que pasando; como pasan los ríos para ir a
dar en la mar *que es el morir*», nos dice un comentarista del siglo xx,
enlazando así con la estrofa tercera de tan feliz resonancia en la
actualidad:

> Nuestras vidas son los ríos
> que van a dar en la mar,
> qu'es el morir.

Copla I. Obsérvese cómo la organización sintáctica gira
alrededor de *contemplando*, de quien dependen una serie de
oraciones completivas. Descríbase la variedad que, dentro de su
unidad, ofrecen estas oraciones, señalando alguno de sus recursos estilísticos. ¿En qué momento es más subjetiva la participa-
ción del poeta?

Copla II. El tema del tiempo informa una vena de angustia
existencial de la literatura española, en que Quevedo es eslabón
imprescindible. Búsquese entre los sonetos de este autor algún
ejemplo relacionable con el presente, pasado y futuro manriqueño. Releyendo el texto que Antonio Machado pone en boca
de Juan de Mairena (sección documentos), se puede reflexionar
por escrito sobre el tema del tiempo en Jorge Manrique, en la
poesía barroca y en un poeta actual.

Nuestras vidas son los ríos...

La ley inexorable de la existencia, la inevitabilidad consciente de que el vivir conduce al morir, encuentra en Manrique una formulación plenamente tradicional y profundamente novedosa. «Lex est, non poena perire» («perecer es una ley, no una pena»), dice Séneca, aforismo que Quevedo convierte en verso:

> Breve suspiro, y último, y amargo,
> es la muerte, forzosa y heredada:
> mas, si es ley y no pena, ¿qué me aflijo?

«Lo humano es siempre fugaz, su proa enfila la segura orilla del no ser» dice bellamente Américo Castro evocando el salmo «todo se desvanece como sombra». Lo temporal y su constante huida ha sido comparado metafóricamente con los ríos, que nunca pueden volver atrás; porque aunque, aparentemente, el hombre sí puede regresar, al menos en el espacio, a lo que ha dejado, a lo que ha querido, eso también ha pasado con nosotros; tampoco es, por mucho que nos lo parezca, aquel atrás, nuestro atrás; realmente sólo es capaz de revivir en nosotros un recuerdo que, por serlo, más que recuerdo es esperanza.

En 1947, Pedro Salinas pronunciaba una conferencia en Lima en la que analizaba cómo la metáfora vida-río varía su modulación verbal a través de los años. Observa Salinas la serenidad manriqueña que enuncia la gran verdad en forma plural, de modo que lo individual queda como vencido por la idea de lo general, de lo ampliamente humano, enorme pluralidad en que el individuo desaparece, que confiere al contenido del verso una amplitud de destinatario que rebasa su intención de elegía funeral personal para configurarse como reflexión de validez universal: nos hallamos ante una enunciación sobriamente exquisita, con una profunda objetividad sin retoricismo, ausente de toda calificación sentimental, sin que haga aparición la categoría del adjetivo. Es como si la concepción del mundo, todavía teocéntrica en el siglo xv, se resolviese en una actitud de aceptación objetiva de vida y muerte.

El mundo va cambiando —sigue diciéndonos Salinas— y con el

siglo XVI aparece el yo renacentista. En la *Epístola Moral a Fabio*, la metáfora tiene un diferente enunciado:

> Como los ríos que en veloz corrida
> se llevan a la mar, tal soy llevado
> al último suspiro de mi vida.

El enunciado pasivo «soy llevado» nos hace pasar del término general de la humanidad indefinida al individuo, al yo, y comporta, a la vez, una profunda significación sentimental (algo me hacen). El hombre en un mundo ya antropocéntrico se siente inerte ante la fatalidad de ser llevado. Tímidamente hacen su aparición los adjetivos *(veloz, último)*, y el ansia de vida, de goce del ser humano, sustituye aquel generalizador *morir* por el momento concreto, amargo, desolador del *último suspiro*, no de «la vida» (variante que pudo elegir el poeta), sino de *mi vida* con un índice referencial, personal *(mi)* que la lengua española no exige y que se llena por ello de fuerte carga afectiva.

España camina al desastre. A la exultante alegría renacentista sucede el angustiado pesimismo barroco y para Quevedo la muerte es el lugar «donde envío»

> mi vida oscura, pobre y turbio río
> que negro mar con altas ondas bebe.

Parece aceptar Quevedo *(donde envío)* la tortura de que el vivir conduce al morir, el hecho paradójico de que sólo queda exento de la servidumbre de la muerte lo que no ha vivido, lo que no ha tenido vida. Frente a la parquedad adjetiva de los textos anteriores encontramos aquí cinco adjetivos, todos ellos relacionados con el sema de lo oscuro, de lo difícil, de lo tenebroso. Y el río ya no «va a dar», sino que el mar *(negro)* es quien se traga al río *(pobre y turbio)* trasunto de mi vida *(oscura)*. Para Salinas, la metáfora, límpida en Manrique, empieza a temblar en Andrada y llega con Quevedo a la convulsión. Unos pocos versos han sido suficientes para expresar tres momentos de la historia de la humanidad:

serenidad, duda y tormento, momentos que necesitarían muchas páginas explicativas en cualquier historia de la cultura.

Continuando el quehacer del crítico-poeta, podemos acercarnos nosotros a la poesía del siglo XX. La multiplicidad simbólica de Antonio Machado (barca, viajero, árbol) vuelve al enunciado colectivo, contemplado esta vez desde un distanciamiento objetivo:

> Apenas desamarrada
> la pobre barca, viajero, del árbol de la ribera,
> se canta: no somos nada.
> Donde acaba el pobre río la inmensa mar nos espera.

No se alude directamente a la vida, que participa, a pesar de ello, como protagonista desde la primera persona de «no *somos* nada» y «*nos* espera» y la minuciosa puntualización del verbo *acabar*. No vamos a la muerte-mar, ni ésta nos absorbe: simplemente espera. La espera de Machado se hace quehacer, lento quehacer en Jorge Guillén:

> La edad me pesa en el silencio unánime
> de la noche tranquila, grande, sola.
> Accidente no hay que me distraiga
> de ese mar que tendiendo va su ola.

La lentitud, reflejo de la tranquilidad que parece rodear al poeta, se expresa en la sintaxis retardatoria, producida por el caprichoso orden que adoptan las palabras *(accidente no hay, tendiendo va)*. Sobre esta tranquilidad se agita la profunda angustia existencial de Vicente Aleixandre, la lucha del hombre que se niega a aceptar su inevitable final. Recuerda el poeta a los jóvenes arrastrados también a su término:

> Ellos contra corriente nadan, pero retroceden,
> y en las aguas llevados, mientras se esfuerzan cauce arriba
> a espaldas desembocan.

Angustia que toma como vehículo de expresión la gran plasticidad de la escena, plasticidad que provoca en el lector un profundo malestar casi físico.

Por fin, el anhelo de quehacer colectivo de Pablo Neruda, su creencia de que, aunque el vivir conduce al morir, el vivir continúa siendo, se plasma lingüísticamente en la modulación verbal de la metáfora: Antonio Bernales, uno de los héroes del pueblo americano,

> Asesinado en la venganza,
> cayó abriendo los brazos en el río,
> volvió a su río como al agua madre.
> El Magdalena lleva al mar su cuerpo
> y del mar a otros ríos, a otras aguas
> y a otros mares y a otros pequeños ríos
> girando alrededor de la tierra.

El hombre (río metafórico) y el Magdalena (río real) se funden para que la Naturaleza cumpla no la ley inexorable de la existencia, sino la continuidad, la esperanza, esperanza que Neruda transmite con machacona insistencia, invadiendo el universo de Jorge Manrique con una nueva mentalidad:

> No busques en el mar esta muerte, no esperes
> territorio, no guardes el puñado de polvo
> para integrarlo intacto y entregarlo a la tierra.
> Entrégalo a estos labios infinitos que cantan,
> dónalo a este coro de movimiento y mundo,
> destrúyete en la eterna maternidad del agua.

Dos planos: lo que no debe y lo que debe ser; los dos esencialmente conativos, pero el aparente tono sentencioso de los subjuntivos del primer grupo se hace apóstrofe en los imperativos del segundo. Hay como una reminiscencia bíblica; el egoísmo anclado en sí mismo (buscar, esperar, guardar) frente a la entrega al prójimo (entregar, dar, destruirse). La intensidad de los versos 4-6 coloca el imperativo proparoxítono en el lugar inicial del verso. Y los dos planos unidos por el entregar a la tierra y entregar a los hombres; por el mar de la muerte y el mar eterna madre. La comunión del poeta se ha hecho ahora cósmica. Estamos interpretando la comparación de la vida con un río que fluye no como reflejo de mortalidad negativa, sino como el triunfo bellamente nostálgico de un marcado optimismo, porque «solamente lo fugitivo permanece y dura».

Allegados son iguales...

En la segunda parte de esta copla III, la imagen del río, individualizada ya, sirve para expresar en cláusulas anafóricas el igualitarismo ante la muerte tan característico de la *Danza macabra*, aunque expresado con gran suavidad; este igualitarismo se repite, con fórmula ya tradicional desde Dante, que concibe al papa y al emperador como medida de todos los demás hombres, en la copla XIV:

> assí que no hay cosa fuerte,
> que a papas y emperadores
> e perlados,
> assí los trata la Muerte
> como a los pobres pastores
> de ganados

donde se suman trabajosamente los términos repitiendo el nexo copulativo, mientras la antítesis suma también pesadamente sus dos términos con la ruptura por la pausa versal del grupo sintagmático: «pastores / de ganados».

Por otra parte, se plantea ya un nuevo sentido de la realidad social:

> allí los ríos caudales,
> allí los otros medianos
> e más chicos;
> allegados son iguales
> los que viven por sus manos
> e los ricos.

Es decir, se nos proponen dos modos de estar en el mundo, determinados por el dinero: *los que viven por sus manos*, esto es, los

que no tienen más que su fuerza de trabajo, y *los ricos*, los poseedores, sean o no nobles, incluyendo, probablemente, a los villanos
ricos, y, sin ninguna duda, a los burgueses. Aún más: apunta ya la
división, tan plena de connotaciones diversas en la actualidad,
entre una clase «útil» y otra posible clase «ociosa» considerada,
precisamente por creer que no contribuye al bien común, como
superior.

Copla III. Pedro Salinas ha querido destacar cómo un mismo contenido, una misma vivencia (en este caso la ley inexorable de la existencia) adquiere formulaciones distintas según la
sociedad, la historia, el hombre de cada momento se apodera
de ellos y los convierte en lengua. ¿Estás de acuerdo con que lo
peculiar de la literatura hay que buscarlo en la lengua? Si estás
de acuerdo, explícalo, y si no, discútelo.

Exponer por escrito las reflexiones que despierta el análisis de
los diversos recursos estilísticos que se observan en los textos
citados.

A lo largo de la historia del hombre y por tanto de sus
manifestaciones culturales (arte, literatura...) se han repetido
una serie de símbolos como reflejo del hombre. También es
muy abundante el número de símiles para sustituir la vida.
Enumera los que conozcas e inventa otros nuevos que quizá el
mundo moderno pueda haber puesto de actualidad.

El poeta ha preferido el sustantivo verbal *el morir* al sustantivo *muerte*. Estos sustantivos verbales parecen muy queridos por
Jorge Manrique en las *Coplas*. Busca otros ejemplos.

Observa el gusto del poeta por las parejas de elementos
sinónimos o casi sinónimos. Es un rasgo característico de la
lengua del siglo XV. Busca en las *Coplas* otros casos y destaca
aquellos en que la reiteración, por superflua o innecesaria, te
parece más expresiva y con fuerza estilística.

Observa la repetición de *allí* al comienzo de diferentes cláusulas. ¿Tiene algún nombre específico este tipo de repetición?
¿Es muy utilizada en las *Coplas*? Deduce el valor de este tipo de
construcción lingüística de su uso en las *Coplas*.

Invocación

La estrofa IV rompe bruscamente la reflexión (y lo hace cuando esperaríamos la personalización de la experiencia que tan espléndidos frutos dará después) para invocar no a las musas, como siguiendo la tradición literaria de Occidente hacían «los famosos poetas y oradores», sino al verdadero Dios, a Aquel

> que en este mundo viviendo
> el mundo non conoció
> su deidad.

El recurso no es nuevo; parece que la invocación a las musas se identificaba con obra pagana y la invocación a Cristo con obra cristiana de carácter doctrinal y moralizante.

Copla IV. ¿Cuál puede ser el sentido de los versos 40-42?
Otras ediciones prefieren «a Aquel sólo me encomiendo».
¿Qué justificación sintáctica tiene el diverso tratamiento de *Aquel* en las dos oraciones de los versos 43-45?

El mundo, sus plazeres e dulçores...

Tras este paréntesis volvemos en la estrofa V a las imágenes del vivir humano, *camino* esta vez, cuyas etapas desarrolla Manrique en paralelismo con la vida, etapas que nos permiten pensar en una relación con otra imagen también repetida en la historia de la literatura: la vida como viaje.

Las estrofas VI y VII amplían la idea de transitoriedad hacia el «otro mundo», mientras la bondad de éste se sanciona con la presencia de Jesucristo que «descendió».

> a nascer acá entre nos,
> y a vivir en este suelo
> do murió.

La estrofa VII, cuya ubicación en este lugar hemos justificado en la Nota previa, insiste conceptuosamente en la antítesis cuerpo-alma, a través del contraste *cativa-señora*, de interpretación discutida, por la duda entre dar a *cativo* su valor etimológico 'prisionero, esclavo' o preferir la acepción derivada 'desdichado, miserable, malo'. Parece admitirse hoy el significado etimológico 'esclava' apoyado en una ininterrumpida tradición literaria que empareja *cuerpo-alma*, *esclava-señora*, como en Fray Luis de León: «... haciéndose sierva de su *esclava* habiendo de ser *señora*» o en los autos sacramentales de Calderón, donde el alma, al enfrentarse con el cuerpo, interroga retóricamente:

> ¿*Esclava* de nadie soy
> cuando a ser *señora* vengo?

Larga es también la tradición del sentido completo de la estrofa, desde un Padre de la Iglesia griega, San Juan Crisóstomo, que piensa que Dios negó al hombre el poder de hermosear el cuerpo, mientras le otorgó el de perfeccionar el alma, creyendo que, de lo contrario, consumiría todos sus esfuerzos en embellecer la parte menos valiosa.

La estrofa VIII da entrada a un muestrario de la caducidad de «las cosas tras que andamos / y corremos», caducidad inevitable porque «son d'una señora / que se muda», única evocación concreta de la Fortuna (copla XI), adornada con todos sus atributos: «la rueda presurosa»

> la cual non puede ser una,
> ni estar estable ni queda
> en una cosa

dispensadora de bienes a los que nunca podremos pedir firmeza. El poeta sigue buscando complicidad: primero nos ha mostrado *(ved)*, ahora nos interroga *(dezidme)* sabiendo de antemano nuestra respuesta (IX). En la estrofa X asistimos a una nueva división estamental:

> Pues la sangre de los godos,
> y el linaje e la nobleza
> tan crescida,
> ¡por cuántas vías e modos
> se pierde su gran alteza
> en esta vida!
>
> Unos, por poco valer,
> por cuán baxos e abatidos
> que los tienen;
> otros que, por non tener,
> con oficios non debidos
> se mantienen.

La nobleza «goda» ha perdido importancia ante la necesidad del poder (que sólo se consigue con la estancia en la Corte) y la riqueza (que sólo se consigue con el dinero). Pero hay más; se presiente el enfrentamiento de la antigua nobleza con la nueva: «la sangre de los godos» se va perdiendo, en unos casos porque sus descendientes «valen» poco, son tímidos, apocados, escasamente inteligentes; en otros, porque, «por non tener», se mantienen con «oficios non debidos».

La estrofa XII es el único momento en que (tras la nueva comparación vida-sueño, sueño no símbolo de lo irreal sino de lo efímero: «pues se va la vida apriessa / como sueño») Jorge Manrique alude a las penas del más allá, castigo eterno provocado por una excesiva confianza en las delicias del mundo, y lo hace envolviendo el tan repetido recurso antitético en hipérbaton no prodigado en las *Coplas*:

> e los deleites d'acá
> son, en que nos deleitamos,
> temporales,
> e los tormentos d'allá,
> que por ellos esperamos,
> eternales.

La copla XIII culmina esta evocación del bienestar mundano, bellamente expresado en su interna contradicción:

> Los plazeres e dulçores
> desta vida trabajada,
> que tenemos,
> non son sino corredores,
> e la muerte, la çelada
> en que caemos

que, si olvidamos la imagen (que al igual que otros muchos consideramos desafortunada) «corredores», nos conduce a uno de los momentos que plasman con más agudeza la angustia del vivir humano, confiado y feliz, que como el río de las canciones populares no puede volver atrás:

> Non mirando a nuestro daño,
> corremos a rienda suelta
> sin parar;
> desque vemos el engaño
> e queremos dar la vuelta,
> no hay lugar.

Copla V. Refleja en un esquema el paralelismo manriqueño entre las diferentes etapas del viaje y la vida del hombre.

¿Qué diversas interpretaciones se te ocurren para la identidad morir / descansar? Compara esta copla con las distintas formulaciones de la interpretación vida-río / morir-mar en los diversos poetas citados a propósito de la copla III.

Copla VII. Describe y justifica el orden de las palabras en los versos 79-82.

Observa la distinta expresión de la antítesis: cara hermosa corporal / alma gloriosa angelical. Explica lo que se te ocurra sobre ello. En la Nota previa se aducen razones para colocar en este lugar la Copla VII, aunque otros no las tengan en cuenta. Lee despacio las razones, explica con qué ubicación estás más de acuerdo y justifica el razonamiento.

¿Te parece bien el valor que se da a *cativa*? Razona la respuesta.

Copla XIII. Hemos opinado que la metáfora «corredores»

no nos parece muy afortunada. ¿Estás de acuerdo? Si no lo estás, explica por qué.

Organiza los contenidos reflejados en las Coplas V-XIV, teniendo en cuenta al mismo tiempo las formas de encabezamiento de las distintas estrofas. Por ejemplo: *este mundo... ved... dezidme...* Enumera los recursos estilísticos más llamativos del conjunto (anáfora, antítesis, sinónimos, hipérbaton...) señalando los ejemplos. Vuelve a reflexionar sobre su importancia relativa en el poema completo. Observa la importancia en todo el fragmento de la primera persona del plural y compáralo con lo dicho respecto a otros momentos.

Ubi sunt...

La estrofa XIV, ya aludida por sus relaciones con la *Danza de la muerte*, deja paso a esa espléndida sarta de recuerdos, queridos y añorados recuerdos, que desde la copla XV a la XXIV actualiza la tradición medieval del *ubi sunt*. En su introducción («Dexemos a los troyanos... dexemos a los romanos...») Manrique, siguiendo la tradición del Marqués de Santillana, Sánchez Calavera o Gómez Manrique, rechaza explícitamente la recurrencia tópica a la evocación de las glorias antiguas, de esos personajes «demasiado ajenos, demasiado indirectos, demasiado fríos para dar fuerza de convicción, en el corazón de los presentes, a la verdad que intenta proponerles, y se resuelve por apelar a la experiencia personal, remitiendo a un objeto más inmediato, más cercano, a un objeto todavía sensiblemente vivo en la memoria de los viejos o apenas mediado por un testimonio verbal directo en la de los más jóvenes», nos dice Rafael Sánchez Ferlosio, acercando a nosotros el categórico planteamiento de Manrique:

> Vengamos a lo d'ayer,
> que tan bien es olvidado
> como aquello.

Vengamos a lo que hace poco estaba ahí, a nuestro lado, formando parte de nuestras vidas personales, «hispánicamente próximas a nosotros», plasma Américo Castro.

Las coplas XVI y XVII señalan el punto álgido de esta recurrencia de Jorge Manrique al tópico del *ubi sunt*, apoyada en la sucesión de preguntas retóricas que martillean con su interrogativo anafórico, vehículo a la vez de lo indefinido, lo inaprensible, lo que se va. Al mismo tiempo sabe el poeta introducir la variedad en la unidad y mientras la repetición actúa machaconamente a intervalos fijos sobre el lector, los sintagmas se entrelazan variadamente, alternando y variando las relaciones sintagmáticas de acciones y sujetos.

A siete desaparecidos ilustres convoca Jorge Manrique a su juicio contra las vanidades del mundo, en un orden no cronológico, sino, como ha notado Salinas, en un orden que de alguna forma podríamos llamar jerárquico. Reúne Manrique el hombre con sus bienes; las figuras desfilan en la cumbre de su pujanza, disfrutadoras de terrenos placeres: «el rey don Joan», «los Infantes d'Aragón» inician el desfile envueltos en una nostálgica evocación de fiestas que, según Francisco Rico (estudioso de la historia y la literatura medieval), bien pudieron tener como modelo las grandes fiestas celebradas en Valladolid en 1428 en honor de la infanta doña Leonor, hija de don Fernando de Antequera, que viajaba hacia Portugal para encontrarse con su prometido, el príncipe don Duarte, «acompañándola desde Medina del Campo sus hermanos los infantes de Aragón, don Enrique, maestre de Santiago, y don Juan, rey de Navarra». El episodio debió de llegar, magnificado por la distancia en el tiempo, hasta Jorge Manrique, que pudo recordar a sus protagonistas como aparecen en la *Crónica del Halconero de Juan II*, *Pero Castillo de Huete*: el Rey con «paramientos de argentería dorada, con una cortapisa de armiños muy rica, e un plumón e diademas de mariposas», la dama «bien arreada», acompañada de doce doncellas «cantando en dulce armonía, con muchos menistriles»; «muchos gentiles omnes, con unas sobrecotas de argentería», pajes «con sus gorjales de argentería labrados e sus caperuças de grana» y «todos con sus paramientos de azeituní pardillo e sus gentiles penachos». Todo esto hace vivir Jorge Manrique en sus estrofas, bellos objetos que el poeta anima, precisa y paradójicamente, para salvarlos de su condición mortal. Si todo lo que vive muere, también es cierto que sólo muere lo que ha tenido vida, sólo deja de morir lo que no vive, y las *Coplas* han eternizado lo que por ser fugaz, en virtud de esa fugacidad permanente, continúa siendo.

Sigue en la comitiva real el heredero don Enrique, poseedor feliz, rodeado de placeres, aferrado a su mundo, arraigado en su mundo, que en su caída arrastrará posesiones falaces, opulencias de mentira:

> Las dádivas desmedidas,
> los edeficios reales
> llenos d'oro,
> las vaxillas tan febridas,
> los enriques e reales
> del tesoro,
> los jaezes, los caballos
> de sus gentes e atavíos
> tan sobrados,
> ¿dónde iremos a buscallos?
> ¿qué fueron sino rocíos
> de los prados?

Entre los escombros de tanta gloria perecedera el hombre desaparece, «quedando así —escribe Salinas— ejemplarmente castigados, del mismo golpe, la soberbia de la persona y lo inane y vano de las realidades temporales en que se cimentaba». Todo «rocío de los prados», piensa el poeta español, al tiempo que su contemporáneo francés, François de Montcorbier, *François Villon*, termina su «Ballade des dames du temps jadis» acuñando una frase feliz:

> Mais où sont les nièges d'antan?

«nieves de antaño» que, como el «rocío de los prados», no están en ningún sitio, porque *no* pueden estar en ningún sitio. El «¿qué se hicieron?», al convertir el devenir en interrogante, individualiza las nociones genéricas, las coloca en el tiempo cercano de un vivo pasado, convirtiéndolas en objetos únicos, precisamente los que conmueven todavía el corazón del poeta. «Verduras de las eras», «rocío de los prados», eternos contenidos para metáforas que han conseguido eterna vitalidad, con una riquísima gama de expresiones.

El hermano de Enrique IV (copla XX), «su hermano el inocente», llega a las *Coplas* inseparable del recuerdo de aquella proclamación de 1465 en que una corte excelente y unos grandes señores (entre los que activamente participaban los Manrique) «en su vida sucessor / le fizieron»; mientras «aquel gran Condestable», don Álvaro de Luna (copla XXI), es tratado con cierta delicadeza, «non cumple que dél se hable», recordando únicamente su ejecución. De nuevo sentimos la llama de auténtico lirismo ante la fugacidad de bienes y poder que acompañan con su esplendor el cotidiano vivir, resueltos, otra vez, en redundante y matizada interrogación meditativa:

> Sus infinitos tesoros,
> sus villas e sus lugares,
> su 'mandar,
> ¿qué le fueron sino lloros?
> ¿qué fueron sino pesares
> al dexar?

El mismo esquema ofrecen las estrofas dedicadas a «los otros dos hermanos», maestres de Santiago y Calatrava, inequívocamente designados, pero cuyo nombre no se explicita: no es necesario, el poeta habla a sus contemporáneos, a tantos «grandes e medianos» que ellos, «tan prosperados / como reyes», «truxieron tan sojuzgados / a sus leyes». Y de nuevo todo, prosperidad y estrofa, desemboca en espléndida metáfora:

> ¿que fue sino claridad
> que cuando más encendida
> fue amatada?

brusco final, repentinamente, anónimamente, sin agente, fruto sólo de un destino inexorable y adverso.

Se acabaron las individualidades, las pequeñas mínimas elegías personales; irrumpen en la acción con su anónima fuerza los hombres y sus hazañas, los diversos componentes de la nobleza y «las huestes inumerables», las obras que el hombre ha inventado para sentirse seguro, en dos estrofas (XXIII y XXIV) que se individualizan frente a las anteriores por la alusión a la muerte que es ya interlocutor válido a quien el poeta pide responsabilidades: «di, Muerte, ¿dó los escondes / e traspones?», para inmediatamente reconocer con sencillez su poder:

> cuando tú, cruda, t'ensañas
> con tu fuerça las atierras
> e desfazes

culminando el paralelismo una vez más en brillante y tradicional metáfora, cerrojo de un mundo deleitable:

> Cuando tú vienes airada,
> todo lo passas de claro
> con tu flecha.

la «flecha cruel, traspasante» de la *Danza de la Muerte;* la deseada, cercana ya de anhelos místicos, de la *Epístola Moral a Fabio:* «¡Oh muerte!, ven callada / como sueles venir en la saeta»; la ansiada por Santa Teresa que muere porque no muere:

> Hirióme con una flecha
> enherbolada de amor

o la profundamente conceptista de San Juan de la Cruz:

> Mas, ¿cómo perseveras
> ¡oh vida!, no viviendo donde vives,
> y haciendo porque mueras
> las flechas que recibes
> de lo que del Amado en ti concibes?

Copla XV. Hay otro momento en las *Coplas* en que Manrique también rechaza tópicas recurrencias. ¿Cuál?

Recuerda que nuestros juglares de la épica medieval también se caracterizan por la inmediatez de los asuntos que cantan. ¿Qué se te ocurre opinar?

Copla XIX. Observa cómo se adelantan los complementos que conducen a las preguntas. ¿Qué opinas de este tipo de construcción? ¿Qué otra copla (de este mismo grupo) ofrece estructura semejante? ¿Por qué son tan semejantes los contenidos aludidos por «rocío de los prados» y «nieves de antaño»?

Muchos y varios comentarios han provocado estas coplas, «la gran ocasión de grandeza» del poema. Elige algunos de estos comentarios de la sección de documentos y opina sobre ellos. Por ejemplo, desarrolla el tema de la continuidad como símbolo de esperanza: todo pasa y todo continúa.

Copla XXI. *al dexar*. Recuerda lo que se ha dicho de los infinitivos *trovar*, *dançar*. ¿Qué opinas de éste?

Coplas XXIII y XXIV. El poeta vuelve a utilizar la apelación directa al referirse a la Muerte. Resume el uso de este tipo de expresión en las *Coplas*.

Se ha aludido a una serie de expresiones metafóricas. Elige las que te parezcan más bellas o más apropiadas explicando por qué.

Sus hechos grandes e claros...

La copla XXV inicia el elogio de don Rodrigo Manrique y las estrofas siguientes hasta la **XXXIX** estarán dedicadas específicamente al Maestre. «Las veinticuatro estrofas primeras —escribe Pedro Salinas— son la vía abierta por el poeta hacia su padre y que, iniciada en su mayor anchura —la inmortalidad—, va estrechándose —lo mortal—, se angosta más y más —los muertos—, hasta ir a dar en su vértice y final —el muerto—, don Rodrigo. Ese método intensificativo nos va cargando lentamente de pensamientos de lo mortal, que irán a concentrarse todos, con apresada

angustia, en el postrer muerto, el Maestre.» La primera de la serie
nos presenta al héroe en parangón indirecto con la presentación
del Condestable, copla XXI. Si entonces el poeta afirmaba

> non cumple que dél se hable,
> mas sólo cómo lo vimos
> degollado

ahora

> sus hechos grandes e claros
> non cumple que los alabe,
> pues los vieron,
> ni los quiero hazer caros,
> pues qu'el mundo todo sabe
> cuáles fueron.

Como ha notado el crítico alemán Leo Spitzer «el busto del
Maestre ya está en el Templo de la Fama antes de que su hijo lo
coloque allí». Es decir, no se nos ofrece al caballero «haciéndose en
sus propias obras», sino que se nos obliga a contemplar el monu-
mento que ya le ha sido dedicado; el poeta implora la simpatía del
lector intentando convertirle en testigo de la fama del caballero,
que él, didácticamente, ha ido desvelando ante nosotros. El Maestre no tiene vicios, ni debilidades, no parece un ser humano: se
limita a ser «ejemplar», y la estrofa XXVI va fragmentando las
cualidades que en su conjunto hacen del Maestre arquetipo. El
panegírico adquiere, en sus sencillas antítesis anafóricas, un esplén-
dido tono retórico que Federico García Lorca ha sabido mantener
vivo revistiendo, con idéntico contenido y expresión, su hermosa
elegía, su *planto* a la muerte del torero Ignacio Sánchez Mejías,
que, como el héroe medieval, actúa exactamente, «ejemplarmente», como debe actuar, en cada situación, en cada momento y en
cada lugar:

> ¡Qué gran torero en la plaza!
> ¡qué buen serrano en la sierra!
> ¡qué blando con las espigas!

¡qué duro con las espuelas!
¡qué tierno con el rocío!
¡qué deslumbrante en la feria!
¡qué tremendo con las últimas
banderillas de tinieblas!

La estrofa **XXVII** introduce la relación de personajes ilustres,
ejemplo cada uno de una de las virtudes, tópico repetido en la
literatura medieval tan aficionada a las series, a las listas; los
mismos personajes que Santillana había presentado como supremo
ejemplo de las mismas virtudes, creyendo, como sus contemporáneos, que la grandeza de una persona sólo se aprecia comparándo-
la con los paradigmas de humana excelencia comúnmente admiti-
dos en la historia, creando así —como dice el historiador Huizinga
en su conocido libro sobre *El otoño de la Edad Media*— un «culto de
los héroes en que se confunden los elementos medievales y los
renacentistas». Creemos que esta vez no anduvo desacertado Menéndez y Pelayo al referirse despectivamente a las coplas **XXVII** y
XXVIII como «esas estrofas pedantescas y llenas de nombres
propios».

Manifiesta ahora el poeta (coplas **XXIX-XXXII**) la situación
privilegiada del Maestre, conseguida, se nos repite una y otra vez,
con el esfuerzo personal «e por fuerça de sus manos», aplicado a los
hechos de la guerra: «fechos famosos», «nuevas victorias», «çercos», «guerras», que culminan en uno de los puntales fundamentales de lo que habría de llamarse «destino nacional»: «mas fizo
guerra a los moros...».

Aparece la muerte tras una cuidada preparación escénica que el
poeta encarga en la copla **XXXIII** a tres cláusulas de tres versos
unificadas por el redoble del inicial *después* que desembocan moro-
samente en la ubicación concretísima, próxima, con un intimismo
que se disuelve en la frase coloquial:

en la su villa d'Ocaña
vino la Muerte a llamar
a su puerta.

Y consiento en mi morir...

Cuatro estrofas emplea la Muerte para conseguir la conformidad del caballero ante «la batalla temerosa» que le aguarda, aludiendo rebuscadamente a la existencia de tres vidas, de tres escenarios, que el poeta Jorge Manrique ha sabido tan brillantemente describir: uno, terrenal, deleitable, temporal, perecedero, «donde moran los pecados / infernales», tras el cual, como hemos visto y se ha repetidamente señalado, parece que se le va el ánimo. Otro, el de «la fama gloriosa», el vivir en el recuerdo de los demás, anhelado siempre por el hombre, aunque tampoco sea eterno ni verdadero:

> Non se os haga tan amarga
> la batalla temerosa
> qu'esperáis,
> pues otra vida más larga
> de la fama glorïosa
> acá dexáis,
>   (aunqu'esta vida d'honor
> tampoco no es eternal
> ni verdadera);
> mas, con todo, es muy mejor
> que la otra temporal,
> peresçedera.

Llegamos, al fin, a la vida «eternal» y «verdadera» que, manteniendo el paralelismo con aquel «morir» adonde iban a parar «nuestras vidas-río», se nombra ahora:

> El vivir qu'es perdurable
> non se gana con estados
> mundanales,
> ni con vida delectable
> donde moran los pecados
> infernales;

un vivir que cada uno gana o merece cumpliendo su papel, su importante papel, el papel asignado:

> mas los buenos religiosos
> gánanlo con oraciones
> e con lloros;
> los caballeros famosos,
> con trabajos e aflicciones
> contra moros.

Piensa Manrique en las dos castas prestigiosas de una sociedad tripartita, las de «los oradores y los defensores», mostrando ahora un inmovilismo con talante diferente a otros momentos en que se había mostrado consciente de la transición entre una aristocracia decadente y una burguesía ascendente que se estaba dando en una Castilla adelantada, con un adelanto en el que el implantamiento de la dinastía austriaca supuso una fuerte y larga pausa que alguien, mucho más tarde, llamaría «cortocircuito de la modernidad». En perfecta conexión, la copla XXXVII nos presenta una muerte perfecta conocedora del quehacer del Maestre:

> E pues vos, claro varón,
> tanta sangre derramastes
> de paganos

que le hará acreedor, al fin, de «estotra vida tercera». Respecto a este pasaje, Américo Castro ha señalado: «En vano se buscará en la literatura extranjera del siglo xv la doctrina de ser el derramamiento de sangre infiel tan legítimo medio de alcanzar la vida eterna como la oración ferviente y acongojadora. Ya sin conciencia de ello, Jorge Manrique expresa aquí una forma de fe paralela a la musulmana, que casi ocho siglos de lucha y convivencia hacían aparecer como normal dentro del sistema de usos y estimaciones de la casta cristiana». No obstante, en las *Coplas* hay un cambio de perspectiva respecto a la creencia musulmana: aquí lo importante no es la guerra santa, sino la persona del guerreador; tanto poética como vitalmente lo importante no es la guerra contra el infiel, sino quien la hace. Como señala otra vez Américo Castro, esto «es hispano-cristiano y judaico-hispánico, no islámico». Es notable que la gloria eterna y la fama temporal, es decir, la salvación infinita del vivir celestial y la máxima salvación del sobrevivir terreno se justifiquen y logren por el mismo motivo: «mas fizo guerra a los moros», «tanta sangre derramastes / de paganos». Se unen así la esperanza de eternidad y el anhelo de perennidad.

Ha llegado el momento de asumir la muerte personal (copla XXXVIII), no aquella muerte, común a todos los hombres y enunciada abstractamente al comienzo de las *Coplas*, sino algo intransferible que el hombre debe admitir individualmente:

> e consiento en mi morir
> con voluntad plazentera,
> clara y pura.

Estamos ante la muerte cristiana, individual, ante la aceptación deliberada de una decisión de la Providencia:

> que querer hombre vivir,
> cuando Dios quiere que muera,
> es locura

ante algo inexorable que no permite oposición alguna y cuyo origen sobrenatural se manifiesta en la estrofa XXXIX en que el Maestre se dirige repetidamente al mismo Cristo aludido en la estrofa VI, único artífice del destino del hombre:

> non por mis merescimientos,
> mas por tu sola clemencia
> me perdona.

Ya desde Jorge Manrique, el morir para el español es un morirse por y para algo, remanso en que ha desembocado el continuo desvivirse, el arrebatado y afanoso vivir entre las cosas. Asistimos al ocaso definitivo de la vida en la consumación de una muerte que supone, platónicamente, una vuelta al origen, «dio el alma a quien ge la dio», y el triunfo prerrenacentista de la continuidad del hombre en el recuerdo:

> que, aunque la vida perdió,
> dexónos harto consuelo
> su memoria.

Comparando la copla XXI y las coplas XXV y XXIX aprecia las diferencias con que el poeta se refiere a don Álvaro de Luna y a su padre.

Apoya en ejemplos lo que el crítico alemán Leo Spitzer ha querido decir con su reconocimiento de que «el busto del Maestre ya está en el Templo de la Fama...».

Hay dos momentos en el poema en que la anáfora cobra una especial fuerza. ¿Cuáles son? El recurso se emplea otras muchas veces. Elige algunas.

¿Qué opinas de la frase de Menéndez Pelayo sobre las Coplas XXVII y XXVIII? Razona la respuesta.

Explicar la estructura de la copla XXXIII. Compárese con la de la XXXIX.

Se ha dicho que Jorge Manrique se muestra en las *Coplas* al mismo tiempo avanzado y quietista (progresista e inmovilista). Apoyándote en tus conocimientos históricos (reconociendo innegable la relación literatura-sociedad), ¿sabrías señalar en qué momentos es más evidente cada una de estas posturas?

Métrica

Como señala Navarro Tomás al estudiar la métrica del poema manriqueño, las *Coplas* están compuestas «en sextillas octosílabas, cuyos versos se reparten en dos semiestrofas iguales con terminación quebrada en cada una de ellas y con tres rimas consonantes correlativas, abc: abc». Se trata de una estrofa usada en la poesía española desde mediados del siglo XV, a partir de Juan de Mena; la fama de las *Coplas* ha hecho que sea la única superviviente de las numerosas invenciones de la métrica trovadoresca, incluso que sea designada como «copla de Jorge Manrique».

Estas sextillas aparecían en los antiguos cancioneros agrupadas en parejas, aunque en las *Coplas* la diferencia de rimas entre las dos sextillas dio lugar a que cada una de ellas llegara a considerarse como unidad independiente. Sin embargo, en varias ocasiones entre una sextilla impar y la que le sigue existe un enlace sintáctico y semántico, mientras que es excepcional que una sextilla par aparezca trabada con la impar siguiente.

Hay una copla que desborda su molde métrico y continúa en la siguiente. ¿Cuál?

El citado Navarro Tomás considera a la sextilla de pie quebrado «la más armoniosa de las estrofas octosílabas. Sobre las proporciones de la redondilla de rimas cruzadas, añade la cadencia de los dos versos cortos que prolongan el efecto de las semiestrofas. Es más breve y flexible que las octavillas del romanticismo; no se somete como ésta a la rígida disciplina de las rimas agudas al final de las dos mitades de la estrofa». Diversos elementos pueden combinarse para hacer que la sextilla sea más o menos musical, expresiva y artística: todo depende de las correspondencias interiores de los tipos rítmicos del octosílabo, junto a la libertad de hacer el pie quebrado tetrasílabo o pentasílabo.

En el octosílabo de las *Coplas* predomina el tipo trocaico

oo óo óo óo

aunque no en la alta proporción de períodos anteriores; los tipos dactílico

óoo óoo óo

y las variedades mixtas

o óo óoo óo   o óoo óo óo

tienen mayor representación que en los poetas anteriores a Jorge Manrique. Los diferentes tipos se combinan a veces con un determinado orden que quizá ofrece cierta correspondencia con el carácter de los respectivos pasajes: parece que el dactílico aumenta en los momentos de expresión más firme, intensa y grave, aplicado a exclamaciones, invocaciones, preguntas, mandatos y afirmaciones enfáticas.

Señala algún verso representativo de cada uno de los tipos. Elige un pasaje de exclamaciones, preguntas, etc., y comprueba qué tipo de octosílabo predomina.

El pie quebrado es regularmente tetrasílabo (cuatro sílabas) en sesenta de las ochenta sextillas. En las estrofas restantes, los dos quebrados de cada copla o uno de ellos consta de cinco sílabas, siempre como compensación o sinalefa respecto al octosílabo precedente. La compensación sólo puede ocurrir cuando el octosílabo anterior al pie quebrado es agudo y no se aumenta en una el número de sílabas métricas, lo que queda «compensado» por las cinco sílabas del verso siguiente (7 + 5), por ejemplo:

> pues que todo ha de passar
> por tal manera.

La sinalefa requiere vocal final en el octosílabo e inicial en el pentasílabo que se reúnen en una sola sílaba (8 + 4), por ejemplo:

> se pierde su gran alteza
> en esta vida.

Tanto la compensación como la sinalefa, con el alargamiento que el pentasílabo representa, prestan cierto relieve al pie quebrado.

Busca el resto de los casos en que el pie quebrado tiene cinco sílabas y señala si es por compensación o sinalefa.

El principal elemento de variedad en la estrofa es la rima, consonante y predominantemente llana. No hay ningún verso esdrújulo y las rimas agudas (no más del veinticinco por ciento) se hacen notar especialmente en el tono filosófico de la introducción y en las estrofas finales.

Comprueba si es cierto que no hay ningún verso esdrújulo y señala los versos con rima aguda.

Es decir, termina Navarro Tomás su trabajo: «Bajo su sencilla apariencia, las *Coplas* encierran una compleja y refinada estructura métrica. No escogió Jorge Manrique para su elegía la solemne octava de arte mayor ni la pulida copla real. En sus manos, la ligera sextilla de pie quebrado, sin perder su acento lírico, adquirió madurez y gravedad.» Como, por otra parte, «en su sosegado compás y en su moderada entonación, las estrofas de este poema muestran esencial concordancia con los rasgos más significativos del acento castellano», las *Coplas* mantienen su no envejecido estilo y su clara imagen sonora, porque «su perpetua modernidad tiene sus raíces en el subsuelo del idioma». Y esto nos lleva a un leve y rápido esbozo de la lengua del poema.

La lengua

Para Rafael Lapesa, nuestro poeta se deshace de recursos apoyados en alusiones librescas y latinismos para expresar «con lisura y sinceridad su dolor ante la vanidad de las cosas». Compuestas en el último tercio del siglo xv, la lengua de las *Coplas* responde al modelo del español preclásico que acostumbramos a identificar con el período situado entre 1474-1525.

Son frecuentes las vacilaciones de vocalismo, sobre todo en las vocales inacentuadas, vacilaciones que penetran hasta muy avanzado el período clásico: *sofrimos, toviéramos, hestorias, edeficios, joventud, Portogal, fezistes, sofrir, invinción...*

La sustitución de *f*-inicial, preferida por la literatura, por *h*-, dominante en el habla, no se generaliza en la escritura hasta el último tercio del siglo xv. La aspiración de *h* impide la agrupación de las vocales en casos como «la cava honda, chapada», «después de tanta hazaña» y otros, manteniéndose *f-* en otras ocasiones.

Sibilantes y labiales ofrecen el cuadro que el profesor Lapesa ha pintado recientemente: «en Toledo mantuvieron su sonoridad las sibilantes que se transcribían con *z* (*dezir, hazer, vezino, tristeza,* articulada como en italiano *mezzo*), con *s* intervocálica (*casa, prisión,* pronunciada como en catalán *casa, presó*) y con *g* o *j* (*gente, junto, viejo, ojo,* con /ž/ palatal), mientras en León, Castilla, Navarra y Aragón tendían a confundirse con sus correspondientes sordas, representadas en la escritura por *c* o *ç* (*crecer, licencia, caçar,* pronunciada como la *z* italiana de *forza* y más adelante como nuestra *c, z*), por -ss- (*passar, tuviesse, esso,* que sonaban igual que hoy con *s* simple), y por *x* (*xabón, dexar, roxo,* con /š/ palatal); y la distinción entre la *b* bilabial oclusiva de *bien, cabeça, lobo* y la *v* fricativa, labiodental o bilabial, de *viento, ave, cavallo, amava,* subsistió allí con mayor o menor firmeza hasta el siglo XVI también, mientras en la España septentrional se documentan abundantes confusiones desde los textos más antiguos».

Alternan en las *Coplas e* y *y* para el nexo copulativo, alternancia que se resuelve hacia 1500, lo mismo que *non, no, nin, ni,* aunque los usos debían estar fijados por esas fechas. Perduran formas antiguas como *dell Espada,* y contracciones como *dellas, desta, desque, estotra,* así como asimilaciones del tipo de *buscallos,* tan de moda aún en el siglo XVI, formas que se mantienen en final de verso durante todo el XVII por la facilidad con que procuraban rimas a los poetas.

La persona vos del pretérito tiene desinencia -stes: *derramastes, fezistes, ganastes,* desinencia que responde a la latina *-stis;* formas semejantes duran hasta muy avanzado el XVII.

La repartición de usos entre *ser* y *estar* no se configura hasta el siglo XVI; incluso entonces la distinción es mucho menos fija que en la lengua moderna, llegando la confusión hasta bien avanzado el XVII. Hay una mayor posibilidad de emplear *ser* para indicar la situación: «si fuesse en nuestro poder». *Ser* contiende con *haber* como auxiliar en los tiempos compuestos de verbos intransitivos y reflexivos, como «s'es ido».

Como diría Navarro Tomás, «a pesar de sus cinco siglos de

antigüedad, el lenguaje de las *Coplas* de Jorge Manrique es claro y sencillo para cualquier lector moderno».

Señalar los casos en que la existencia de aspiración sustituyente de *f-* impide la sinalefa.

Señalar las peculiaridades (si las hay) de los usos de *ser*, *estar*, *haber*, *tener*, tomando como referencia la lengua moderna.

Final

«Tradición y originalidad» titula Salinas su magistral y profundamente lúcido acercamiento a Jorge Manrique, un poeta que otro poeta, Luis Cernuda, calificó de metafísico por su capacidad para hacer presentir la correlación entre lo más excelente de la vida humana y una inmutable realidad superior. Hoy sigue pareciéndonos tradición lo que las *Coplas* tienen de común con la poesía cancioneril de su época: la métrica, las alegorías de la Fortuna y la Danza de la Muerte, los tópicos del «ubi sunt» y el «amor cortés», los alardes de ingeniosidad y erudición, las voces de una sociedad estamental en crisis. Sentimos magníficamente original lo que mantiene plena vigencia y actualidad: el sentido del tiempo que fluye como un río, las ansias de inmortalidad, la consciencia de una nueva realidad social.

Terminamos con palabras de dos estudiosos del ser español y sus manifestaciones que hemos citado a lo largo de estas páginas. Para Navarro Tomás el poema se concibe como «una alternativa disposición dual» que se proyecta sobre el feliz encuentro de «pleno sentido» y «escondida virtud musical». Para María Rosa Lida, estamos ante una creación poética que «como pensamiento llega a la raíz moral del alma humana, y como expresión ase la esencia definitiva de la lengua española».

Añade a estos juicios los que estén más de acuerdo con tu propia opinión, entresacados de la sección Documentos.

ESTE LIBRO
SE TERMINÓ DE IMPRIMIR
EL DÍA 6 DE SEPTIEMBRE DE 1993

LAUS  DEO

castalia didáctica

TÍTULOS PUBLICADOS